Erich Fromm

爱的艺术

The Art of Loving

〔美〕艾里希·弗洛姆 著
刘福堂 译

上海译文出版社

图书在版编目(CIP)数据
爱的艺术/(美)艾里希·弗洛姆(Erich Fromm)著;刘福堂译.
—上海:上海译文出版社,2018.12(2023.3 重印)
(弗洛姆作品系列)
书名原文:The Art of Loving
ISBN 978-7-5327-7990-1

Ⅰ.①爱… Ⅱ.①艾… ②刘… Ⅲ.①社会心理学-
研究 Ⅳ.①C912.6
中国版本图书馆 CIP 数据核字(2018)第 242864 号

图字:09-2007-785 号

爱的艺术
〔美〕艾里希·弗洛姆 著　刘福堂 译
特约策划/何家炜　郃莉莉　责任编辑/范炜炜　装帧设计/汪佳诗

上海译文出版社有限公司出版、发行
网址:www.yiwen.com.cn
201101　上海市闵行区号景路 159 弄 B 座
宁波市大港印务有限公司印刷

开本 890×1240　1/32　印张 4.5　插页 2　字数 80,000
2018 年 12 月第 1 版　2023 年 3 月第 11 次印刷

ISBN 978-7-5327-7990-1/B·457
定价:39.00 元

如有质量问题,请与承印厂质量科联系　电话:0574-87582215

目　录

前　言

本书也许会使那些希望从中得到爱的艺术简单指导的人失望。相反，本书想要表明，爱并不是一种任何人都能够轻易沉迷其中的感情，不管你达到的成熟程度如何。本书目的在于使读者确信：除了努力积极发展你的全部个性，使之形成一种创造性人格倾向外，一切爱的尝试都一定是要失败的；没有爱自己邻人的能力，没有真诚的谦恭、勇气、忠诚、自制，就不可能得到满意的个人的爱。在罕见这些品质的一种文化中，获得爱的能力注定是一个难以达到的目标。任何人都可以扪心自问，他知道有几个真正会爱的人。

然而，我们不能因为爱并不容易，就不去认识它的种种困难以及实现爱的条件。为了摆脱不必要的复杂性，我尽可能用简明的语言论述这个问题。同样地，我也尽量少引证爱的文学作品。

对另一个问题，即如何避免与我以前几部书所表达的思想重复，我还没有找到一个完全满意的方案。读者将会从本书中发现我在以前写过的那些著作中，特别是你们熟悉的《逃避自由》、《自我的追寻》和《健全的社会》等书中已经表述过的许多思想。然而本书决不是重述要点。它阐述了许多超出前面几部著作的新思想，并且由于很自然地集中到了一个主题——爱的艺术——周围，甚至老的问题也获得了新生。

E. 弗洛姆

一无所知的人儿也就一无所爱，什么都不做的人儿也就什么都不懂。什么都不懂的人儿是没有价值的。懂得事理的人儿也懂得爱、观察和发现……对事物本质了解得越多，也就越钟爱……设想所有水果与草莓同时成熟的人儿，对葡萄一无所知。

帕拉塞萨斯①

① 帕拉塞萨斯（Paracelsus，1493—1541），文艺复兴初期医学家、自然科学家和哲学家。——译者

第一章

爱是一种艺术吗?

爱是一门艺术吗？回答是肯定的。因此，它需要知识和努力。也有人认为，爱是一种快感，体验它是件随机而遇的事，一个人运气好便会“堕入”其中。本书以前者的前提为基础，尽管当今大多数人无疑更相信后者。

并不是说人们认为爱不重要，他们渴望着爱。他们看了无数幸福和不幸的爱情题材的电影，读过许多妙笔生花的以爱情为主题的小说，听过许许多多无聊的爱情歌曲，然而几乎很少有人认为：爱，还有需要学习的东西。

这种特殊的态度建立在这样几个前提——或者单独或者共同决定着这种态度的前提——之下，多数人宁愿把爱当成被爱的问题，而不愿当成爱的问题，即不愿当成一个爱的能力问题。对他们来说，爱就是如何被爱、如何惹人爱。他们沿着几条途径来追求这一目的：一条是——尤为男性所采用——应该取得成就，获得他自己所处的社会条件所允许的最大限度的地位和财富；另一条尤为女性所采用的途径，是使自己富于魅力：通过健美锻炼、修饰仪表、穿着入时等；

男女共同采用的使自己富于魅力的其他方法是：举止温文尔雅，谈吐风趣幽默，乐于助人，诚实谦虚，不矫揉造作。那些使自己可爱的方法许多是与使自己成功地“赢得朋友和影响他人”的方法相同的。实际上，就我们的文化而言，大多数人所谓可爱，不过意味着适于大众的爱慕和性吸引力的融合。

隐含在认为爱没有任何应该学习之处的态度背后的第二个前提是：把爱的问题设想为一个**对象**的问题，而不是**才能**的问题。人们认为**爱**是简单的，困难的是寻找正确的爱的对象，或者被爱。这种态度的部分原因在于现代社会的发展。原因之一是对“爱的对象”选择在二十世纪发生了巨大的变化。在英国维多利亚女王时代，像在许多传统文化中一样，爱主要还不是可以自然地导向结婚的经历。相反地，婚姻是按习俗缔结的——或是由各自的家庭，或是由媒人，或是不用中间人的帮助。这样做社会才能谅解，并且认为一旦确立婚姻，爱将发展起来。在最近几代人中，浪漫主义的爱情观几乎已经占据西方世界。在美国，当一种习惯的自然感情并没有完全消失时，对一个很广泛领域里的人群来说，是寻求“罗曼蒂克的爱”和将自然导致人们结婚的个人的爱的体验。相对“功能”的重要性而言，这个新的爱的自由观显然大大增强了“对象”的重要性。

与这个因素紧密相关的是另一个构成当代文化概貌的特

性。我们的整个文化是以购买的欲望、互利交换的思想为基础的。现代人的幸福在于观察商店橱窗的激情，在于购买一切能够付得起钱的商品，付现款或分期付款。他（她）以同样的方式看人。对男性有吸引力的姑娘，对女性有吸引力的男子，都是被追逐的俏货。"吸引力"通常意味着在人格市场上被人爱慕和供不应求。需特别指出的是，一个人具有吸引力的气质，取决于那个时代在体魄上和精神上的风尚。在二十世纪二十年代，一个喝酒吸烟、粗犷而性感的姑娘是有吸引力的；今天的风尚则要求她们懂得更多的家庭生活和娇羞矜持。在十九世纪末和二十世纪初，一个男性必须好斗和雄心勃勃；今天的男子不得不善于社交、宽容和善，以便成为有吸引力的人。总之，爱的意识常常只是作为他们自身交换能力范围内的人类商品而已。人们力图做一个交易：从社会价值基点来看，这个对象应是值得要的，而且同时就我的公开和隐秘的财产和潜能而论，对象也应该想要我。当他们考虑到自己的交换价值的限度，并在这种交易中都已发现可以得到的最好对象时，这两个人就坠入了情网。常常像购买实际的不动产一样，在这种交易中，能够发展的潜能起到相当重要的作用。在一种交易盛行和奉物质财富为首要价值的文化中，人类爱的关系遵循统治商品交换和劳动力市场的相同的规律，这是毫不奇怪的。

导致认为爱没有任何可以学习之处的第三个错误，在于把最初坠入情网的经历与爱的“久恒”(或用我们能够使用的较好的语言说：爱的“永恒”)之间的区别混淆了。如果两个陌生人，像我们所有人一样，突然让他们破除陌生这堵墙，而且立即感到密切，感到融洽，那么这一时刻是他们生活中最兴奋、最激动的。对于一个身居事外、孤独、没有爱的人，这更会使他惊奇和陶醉。如果这与性的吸引力和性交结合着或同时开始，那么这种突然产生亲近感的奇迹会使他们非常容易地相爱。然而，这种类型的爱很自然不能持久。当他们十分熟悉时，他们的亲密感就越来越失去神奇的个性，直到他们对立、失望和相互厌倦，扼杀了最初的激情。但是，他们在开始时并不知道这些。实际上，他们被痴恋的强烈感情所驱使，以此来互相证明他们爱的强烈感情的“狂热”，而这恰恰证明他们先前是何等的寂寞。

认为没有什么比爱更简单的这种态度，尽管被相反的证据所淹没，却仍然是流行的观点。在这里，几乎没有什么活动像爱这样以极大的希望和期待开始，却以有规律的失败而告终。如果这是其他任何活动和事业，人们都会渴望认识失败的原因，学习做好它的方法，或者干脆拉倒了事。但爱是不可能拉倒了事的。对爱来说，只有一条克服失败的恰当途径——找出失败的原因，并着手探索爱的真谛。

第一步就是明确**爱是一门艺术**，正像生活是一门艺术一样。如果我们想知道如何爱，就必须遵循我们学习其他任何艺术的同样方法，诸如学习音乐、绘画、木工或医学技艺及工程艺术的方法。

在学习任何一种艺术时，必要的步骤是什么呢?

学习任何一种艺术的过程都能够适当地分为两个方面：一方面精通那门艺术的理论，另一方面熟悉那门艺术的实践。如果我想学习医学技艺，我必须首先了解人体结构和各种疾病，但当我具备了这一方面的全部理论知识时，根本不意味着我在医学技艺上是合格的。只有在大量实践的基础上，把我们的理论知识成果和我们的实践成果融为一体，即变为我的直觉——这是任何一门艺术的要素——之后，我在技艺上才变得精湛起来。当然，除学习那门艺术的理论和实践外，为驾驭任何一门艺术，第三点也是必需的要素，即要使艺术精湛必须始终极其关心这一问题，在我的心中必须是：没有什么比此艺术更重要的事情。这适用于音乐、医学、木工和爱的艺术。这里有着对为什么在我们的文化中人们很少尝试学习爱这门艺术的答案，尽管他们明显地失败，尽管他们对爱如饥似渴，却又认为几乎每一件事都比爱重要：成就、名望、金钱、权力——几乎人们的所有精力都用来研究如何实现这些目标，难怪没有谁来学习爱的艺术。

难道只有能够赢得金钱和名望的那些东西是值得学习的?爱只对精神有益，在现代意义上无利可图，只是一种我们无权花费许多精力学习的奢侈品吗?然而，不管答案如何，我们下面的探讨将按上述步骤来探讨爱的艺术的问题。首先，我将探讨爱的理论——这将占据本书大部分篇幅；其次，我将探讨爱的实践——像其他任何领域一样，对这一领域的实践我能够说的也很少。

第二章

爱的理论

一　爱，对人类生存问题的回答

任何爱的理论，都必须从某种人的理论和人类的生存理论开始。尽管我们在动物中也发现爱，或确切地说相当于爱的行动，但它们的情爱，主要是它们本能器官的一种禀赋，而从人的身上只能够发现残存的本能的器官在起作用。人类存在的最基本的事实正是他脱离了动物界，超出了本能适应性。他已超出自然——尽管他从没有离开它，他仍是自然的一部分——然而，一旦脱离自然，他就不可能重返自然；一旦被逐出伊甸园——一种与自然一体的原始状态——如果他试图返回，手执喷焰利剑的天使就会阻塞他的道路。由于人类智力的发展，人类的一个新的协调的社会，已经代替那逝去的协调的前人类社会，人类只能向前进。

当人类、人类种族和个人诞生时，他被逐出像那些本能一样确定的状态，并进入一种不确定、不连贯和开化状态。只有过去才有确定无疑的事情——当然，就它将逝去而言，未来也有确定无疑的事情。

人具有天赋的理性。他是**了解自身的生命体**，他了解他自己、他的同伴、他的过去和未来的趋向。这种对他自己作为一个孤独的实体的认识，对他自己短暂的生命历程的认识，对不由他的愿望而出生又违背他的意愿而死去这一事实的认识，对他将在他热爱的那些人之前或之后死去的认识，对他的寂寞和孤独的认识，对他在自然和社会面前无能为力的认识，所有这些都令他感到孤独和隔绝的生存状态是不堪忍受的监狱。如果他不能从这个监狱中解放自己，从而达到以某种形式与人们和外部世界的沟通，他就将变成一个疯子。

孤独的经历引起人们焦虑。的确，它是焦虑的来源。孤独意味着被割断与社会的联系，没有任何能力去行使我们的人权。因此，孤独意味着无助，意味着无力主动地把握这个世界——事物和人，意味着这个世界无需我发挥能力并可以侵犯我。所以，孤独是强烈焦虑的来源。在这之后，它引起羞耻感和罪恶感。这种在孤独中产生有罪感和羞辱感的过程在《圣经》里关于亚当和夏娃的故事中表述过。在亚当和夏娃吃了知晓善与恶的智慧之果以后，在他们已经违命（这里只有在违命时，才存在善和恶）后，在他们从原始的动物本能的协调中解放了自己并变成人以后，亦即在他们作为人类诞生以后——他们看到自己是裸体的——才产生羞耻感。我们假设像这样古老和原始的神话也存在于十九世纪过分拘谨的道德观中，这个故事想要告诉我们的要点是他们的生殖器被看见而引起的局促不安吗？似乎并不如此。以维多利亚女王时代的精神来理解这个故事，我们未抓住要点。它似乎是这样的：在男人和女人自己和相互间明白以后，你们也就明白了他们的分离和孤独，以及因为他们属于不同的性别而产生的差异。但是，当他们承认他们分离时，他们仍然是陌生的，因为他们还没有互相学习爱（与其说亚当试图防御夏娃，不如说他用责怪夏娃来防御自己，这是非常清楚的）。**没有被爱重新结合的分离意识是羞耻感的来源。同时，它也是有罪感和焦虑的来源。**

人的最深切的需要就是克服分离，从而使他从孤独的囚牢中解脱出来。未达到这个目标的**绝对**失败，即意味着“疯狂”，因为全然孤独的恐慌，只能由与引起分离感的外部世界彻底脱离来克服，因为引起分离的外部世界对他已经消失了。

人——所有时代和文化中的人——面临着完全相同的问题：如何克服分离，如何达到和谐，如何超出个人生活并发现一致。这些问题对生活在洞穴里的原始人，对关心他们羊群的游牧部落的人，对埃及的农民、腓尼基商人、罗马士兵、中世纪修道士、日本武士、现代职员和工厂雇员，都是相同的。问题相同，是因为在同一大地上发生，人类的状况、人类生存的条件都是相同的。答案各异，这可以由对动物崇拜、人祭或军事征服、沉溺于奢侈、苦行僧的禁欲主义、着迷的工作、艺术创作、对上帝的爱和人类的爱来回答。而存在着的许多答案——人类历史的记录——却如此不同，是数不清的。相对而言，人们一忽视那与本质内容相比更属于表面上极微小的差别，就立即会发现仅仅存在有限的一定数量的答案，而且只能由生活在那个时代的属于不同文化的人提供。宗教和哲学的历史是这些答案的历史，答案如此迥异，数量上又如此有限。

这些回答在一定意义上取决于个人所达到的个性发展程度。一个人在幼儿阶段，他还没有什么发展，仍感到同母亲一体。母亲在身边，他一点也没有孤独感。他的孤独感被母亲的身躯、乳房、肌肤的伴随所消除。只有到了母亲的身躯伴随已不能消除他的分离和孤独感时，他才有克服分离的需要。

同样，人类在幼儿时期也感到与自然一体。土地、动物、植物仍然是人类的世界。人们认为自己与动物有联系，这种联系是由戴动物型假面具、由崇拜图腾和敬奉动物神明表现出来的。但是，人类种族关系从这些原始的纽带中挣脱出来得越多，他就越与自然界相分离，就越强烈地需要发现摆脱分离的新道路。

实现这一目的的一种方式在于各种的**迷狂状态**。这些可能自动地导致精神恍惚飘然，有时得依赖药物帮助。许多原始部落的宗教仪式，提供了解答这类问题的一个生动画面。倏忽之间的狂欢状态中，意气风发的外部世界消失了，随之而消失的是与外部世界的分离感。由于这些仪式被共同实践着，群体的联合体验就增加了，这就使这一问题的全部解答更富有实际效果。与这一问题紧密相关并与解决这一迷狂问题常用的方式相融合的是性的经历。性欲高潮能产生一种近似于恍惚飘逸的状态，或达到一定的药物效果。集体的性乱仪式是许多原始宗教仪式的一部分。在这种迷狂之后，人们在一段时间内可以摆脱过多分离感导致的痛苦。慢慢地，这种焦虑又增加了，之后又由于这仪式的表演一再重复而减少。

这种迷狂状态在一个部落中是普遍现象，他们并没有产生焦虑和有罪感。相反，这种行为被认为是正当的和道德的，因为它是由所有人共享，并经巫医和祭司赞同和决定的。因此，人们根本没有理由感到这是犯罪和羞耻。生活在今天的文化中，人已经将这些共同实践留在身后，对摆脱孤独感的解决办法的选择就大不相同了。在一个没有这种迷狂的文化中，酗酒和药瘾是个人选择的形式。与那些参与群居性质的公共仪式的原始人相比，这些人因犯罪感和懊悔而受损害，当他们试图从由充满酒精和药物的避难所引起的孤独中逃脱时，这样的迷狂经历一过去，他们便感到更加孤独，这样他们就更频繁更强烈地求助于这种迷狂。与此稍微不同的是性乱问题的解决办法，就某种程度而言，它是克服分离的自然和正常的形式，而且这是对孤独问题的部分解答。但是，在并不能以其他方法免除分离的许多人中，对性欲高潮的追求会起到一种与酒精和药物作用差不多的效果。这样，性结合蜕变成不顾一切试图摆脱因独居而产生的焦虑的绝望挣扎，其结果是产生比以前更加强烈的孤独感，因为没有爱的性行为除了瞬间快感以外决不能跨越两个人之间的鸿沟。

迷狂结合的所有形式有三个特点：它们是强烈的，甚至不惜使用暴力；它们产生于包括身心在内的全部人格；它们是暂时的和周期性的。其对立面恰好适于古今最常为人们选择的那种结合形式：建立与群体及其风俗、习惯和信念一致基础上的结合。这里我们又发现一个相当大的进步。

在原始社会里，群体较小，它是由血缘关系和同一地域里的人们组成的。随着文化的不断发展，群体扩大了，变成了城邦的市民，变成一个大的国家的公民和教民。即使生活贫困，古罗马人也会因他能说“我是罗马的公民”而感到自豪；罗马和罗马帝国就是他的家庭、他的住所、他的一切。在当代西方社会，群居也是盛行的克服孤独感的方式。这是一种使个人自身融于更大范围的结合，目的在于融于群体之中。假如我同每个人一样，假如没有使我区别于其他人的情感和思想，假如我在习俗、衣着、观念上与群体的模式一致，那么我便得救了，从可怕的孤独感中解脱出来了。独裁制国家用威胁和恐怖达到这种一致，民主制国家则主张倡导和宣传。的确，这两种制度间存在着极大的差别。在民主制度下，不一致是可能存在的，但决不意味着绝对缺少这种一致。在极权制下，只有少数几个英雄和殉道者，可以期望他们拒绝循规蹈矩。但尽管这样，民主制社会却代表一种极高度的一致。原因在于这一事实：对摆脱孤独的结合的探讨**必须**有个回答，假如没有更好的方式，那么这种民众一致的结合便成为主要的方式。如果一个人了解他何等渴望不被分离、免受孤独，他就必须懂得与众不同的恐惧的威力——脱离民众哪怕仅有几步之遥的恐惧的威力。有时，这种对不一致的恐惧，被作为足以构成对不一致者的实际危险的恐惧而合理化。但实际上，人们愿意在高得多的程度上达到一致，而不是**被迫**一致，至少，在西方的民主制下是这样的。

多数人甚至没有意识到他们需要一致。他们在幻想中生活：他们遵从自己的意志和爱好，他们是个人主义者，他们得出的作为他们自己思想成果的主要观点与大多数人相同纯属巧合。一切共同一致都充当他们观点正确性的证据。因为仍然有对某种个性的需要，这种需要是由顾及细微的差别而满足的。手提包或运动衫上的第一个字母、银行出纳员的名片，认同民主党还是共和党，属于麋社[①]还是圣坛社[②]，诸如此类东西都成了他们表达个人之间差别的手段。广告标语的“不同”，表明了这种对不同的可怜的需求，而本质上几乎没有什么差别。

日益明显的消除差别的倾向是与平等观念和平等经历密切相关的，这一点在先进的工业国家正在发展。在宗教的教义里，平等的含义就是：我们都是上帝的子孙，我们同样分享着人与神的财物，我们大家都是一样的。它也意味着必须尊重个体之间的种种差别。我们大家同属一体，这固然是真的，而我们每个人都是一个单独实体的自身的宇宙体，这也是真的。例如，在犹太教法典《塔木德》的陈述中就承认这种个人的独特性：“谁拯救了一个人的生命，似乎谁就拯救了整个世界；谁毁灭了一个人的生命，似乎谁就毁灭了整个世界。”作为个性发展的一个条件，平等在西方启蒙运动哲学中也是这种意思。它（康德非常明晰和系统地阐述过）意味着任何人都不是实现他人目的的工具，大家都是平等的，因为人人都是目的而且仅仅是目的，而决不意味着互为手段。继启蒙运动观念之后，各派社会主义思想家把平等定义为消灭剥削、废除私有制，不管这样做是残酷的还是“人道的”。

---

① 麋社（The Elks），美国一互助团体。——译者

② 圣坛社（The Shriners），1872年在美国创立的一教派。——译者

当代资本主义社会已篡改了平等的含义。人们就机器的平等而言平等，就已失去了个性的人之平等而言平等。今日的平等**意味“雷同”而不是“一致”**。它是抽象化的雷同，意味着做同样工作，有同样乐趣，读同种报纸，有相同感情及相同观点的人。在这方面，我们必须带着几分怀疑的态度来看待某些成就——它们被认为是现代进步标志而加以赞颂，比如妇女的平等。毋庸赘言，我并不是反对妇女平等，但一定不能让人们感到受这种平等的倾向欺骗。它是消除差别倾向的一部分。平等以此为代价：妇女平等，因为她们不再有差别。启蒙运动时期的哲学主张——灵魂没有性别——已变成普遍的实践。性别的截然对立正在消失，建立在此之上的性爱也随之消失。男性和女性变得**雷同**了，而不是**平等**的相对两极。当代资本主义社会鼓吹这种没有个性差别的平等思想，因为这个社会需要人成为原子，个个同一，以便使他们的作用在一个群体中没有阻力地充分利用；需要所有人都服从同一命令，而同时使每个人坚信他所遵从的是自身的意愿。正像现代大生产要求标准化一样，社会过程也要求人们标准化。而这种标准化则被美其名曰为“平等”。

雷同一致型结合并不热切、强烈，它是平静的，照惯例行事。也正因此，这种结合常常不足以弥补分离之忧。当代西方社会酗酒、吸毒成瘾以及强奸和自杀等现象是这种民众一致相对失败的象征。而且，这种解脱办法主要涉及精神而忽略了肉体，由于这一点，它与迷狂问题的解脱办法相比缺乏说服力。民众一致仅有一个优点：持之以恒，从不间断。个人在三四岁就被引导到一致化模式中来，因而从没有失去与群体的联系，甚至作为他最后一件重大社会事件的葬礼，也严格地按照这种模式进行。

除了把一致作为一种解脱分离带来的焦虑的方式外，还必须考虑当代生活的另一个因素：工作程序化和娱乐公式化的作用。人变成了一个“朝九晚五工作者”，人成了工具，他是劳动力的一部分，或是职员和经理等官僚势力的一部分。他没有积极性，他的任务由劳动组织机构规定，甚至最上层和最底层的人之间也没有什么差别。他们是以规定好的速度和行为方式执行整个组织机构安排的任务，甚至被规定了情感：神采奕奕、宽容大度、忠实可靠、胸怀大志以及和每个人友好相处。按习惯相似的方式进行娱乐，但不能太过分；书籍由书刊索引选择，电影由电影院和剧院老板选择，并由他们支付广告费；其余活动也是如此：星期日的驱车外出、电视节目时间、玩牌、社交聚会。从生到死，从这星期一到下星期一，从早到晚，一切活动按部就班，都预先规定好了。陷入此种循规蹈矩之网的人应该怎样才能不忘记他是一个人，一个独特的个体，一个只被赋予一次生命机遇，带着希冀和失望、悲哀和恐惧、爱的渴求、对空虚和分离的畏惧的人呢？

达到结合的第三种方式在于**创造性活动**——或是艺术家的创造活动，或是工匠的创造活动。在任何创造性工作中，有创造性的人都把自己同物结合起来，这里的物代表他身外的世界。不管是木匠做一个桌子，还是银匠打一件首饰；也不管是农民种谷子，还是画家作画，一切形式的创造性工作的劳作者都和他的对象融为一体，人在创造过程中把自己与世界结合起来。然而，这只适于生产性工作，只适于那些我自己计划、创造和看得见自己工作结果的工作。在当代职员工作过程中，以及被拴在没有尽头的生产线上的工人劳动过程中，这种使自己与外部世界联合的工作已几乎没有了。现在工人成了机器或官僚机构的附庸。他已不是过去的工人，因此，除了这种行为一致外，没有任何协调。

在生产活动中达到的这种一致不是人际的协调，在迷狂的融合中所达到的这种协调是倏忽即逝的，由一致而达到协调不过是虚假的协调。因此它们仅是生存不完全的答案，圆满的回答在于达到人际的协调，在于我与另一个人融为一体，在于爱。

这种对人与人之间融为一体的渴求，是人类最强有力的奋斗的动力。它是最基本的激情，它是一种保存人类种族、家庭、社会的力量。不能实现它意味着愚蠢或毁灭——自我毁灭或他人的毁灭。没有爱，人类便不能存在。然而，倘若我们把实现人与人之间的结合称为“爱”，那么，我们会发现一系列困难。融为一体的结合能够通过不同的途径达到，而这些途径与各种形式的爱所共有的东西都同样重要。它们都应称为爱吗？或许我们应该把“爱”一词仅留给一种特殊的结合：那种在东西方历史上一切伟大人道主义宗教和哲学体系中的理想美德的结合？

由于存在许多语义上的困难，回答只能是武断的。重要的是我们谈及爱时知道我们所说的是哪种结合。是作为对生存问题成熟的回答而提及爱呢，还是可被称为**共生性结合**的爱的那些不成熟形式？在下面的论述中，我说的爱，意思仅指前者。但我将从后者与“爱”的关系开始讨论。

共生性结合类似母体与胎儿的关系，有其生物学形态。母体和胎儿是两者，然而又是一体。他们生活在一起（**共生**），互相需要。胎儿是母亲的一部分，从她身上吸收他所需要的一切；母亲好似胎儿的世界，她喂养他，保护他，但她的生命也因胎儿而增强。在这种**心理**的共生性结合中，虽然两者身躯各自独立，但在心理上存在着同样的依赖性。

共生性结合的**被动**形式是屈从，或用临床术语说是**受虐狂**。这种受虐狂用使自己成为另一个支配他、管教他、保护他的人的一部分和附庸，来摆脱难以忍受的孤独和分离感，那个人像是他的生命和氧气。不管他屈从的对象是人还是神，对象对他的威力都极大。他就是一切，我除了是他的一部分外，无足轻重。只有作为他的一部分，我才有几分伟大、力量和恒定。受虐狂不必作决定，不必冒险。他永不感到孤单——但他依附于人，没有任何尊严，不是一个完全的人。在宗教教义中，把崇拜的对象叫作偶像；在受虐狂的爱情关系的世俗内容中，偶像崇拜的基本机制是相同的。这种受虐狂的婚姻关系能够与身体和性的渴望相结合。在这种情况下，这种关系不仅是精神上的屈从，而且是整个肉体上的依附。受虐狂也可能这样：任命运摆布、疾病折磨，沉湎于有节奏的音乐或吸毒或催眠术所造成的迷狂状态，这些都能够使受虐狂屈从——在这些情况下，受虐狂都置他们的尊严于脑后，使自己成了某人某物的工具，他不需要通常的劳动性活动解决生计问题。

共生性结合的**主动**形式是支配，或用心理学术语来说，与受虐狂相对应的是**虐待狂**。这种虐待狂想通过使另一个人成为自己的重要部分来摆脱孤独和禁锢感，他通过控制崇拜他的另一个人来为自己壮威，抬高身价。

虐待狂同样依附于受虐狂，正像后者依附于前者一样，没有对方，哪一方都无法存活下去。差别仅在于虐待狂指挥、剥削、伤害、侮辱他人，而受虐狂被他人指挥、剥削、伤害、侮辱。从实际意义上说，这是一个极大的差别；而从更深的情感意义上讲，这种差别不如他们共有的东西——没有尊严的结合——的意义重要。如果我们明白了这一点，我们发现一个人或不同的对象同时对虐待和受虐待两种方式作出反应，便不会感到惊奇。希特勒主要以虐待者的方式待人，但是他却以受虐者姿态面对这种命运、历史和自然的“超然力量”。结果——希特勒在普遍的毁灭中自取灭亡——正像他的成功梦幻（称霸世界）一样典型。①

与共生性结合相反，成熟的爱是**在保持自己的尊严和个性条件下的结合。爱是人的一种主动的能力**，是一种突破使人与人分离的那些屏障的能力，一种把他和他人联合起来的能力。爱使人克服孤独和分离感，但爱承认人自身的价值，保持自身的尊严。在爱之中，存在着这样的矛盾状态：两个人成为一体而仍然保留着个人尊严和个性。

如果说爱是一种活动，我们就会遇到这样的困难——“活动”一词的含义模棱两可。在现代用语中，“活动”一词常指用消耗能量的办法改变现存条件的行动。因此，如果一个人经商、学医、在没有尽头的生产线上工作、做桌子或从事体育运动，便被认为是活动。一切活动的共同之处是它们都以达到外部目标为动机，但**没有**包括活动本身的**动机**。例如，一个人被极大的不安全感和孤独感驱使而工作，而另一个人则为了实现野心或赚得金钱而卖命。在这些情况下，这个人是激情的奴隶，其活动实为一种“被动性”的活动，因为他是被驱使的，他是受苦者而不是“主动者”。

① 我在其他著作中对受虐狂与虐待狂有更详尽的论述。参阅《逃避自由》，纽约莱因哈特出版社，1941。

另外，一个除了感受到他自身以及他与世界的统一之外毫无目的或目标而静坐默想的人，也被认为是“被动的”，因为他没有做任何事。但实际上，此种沉思之态是现存的最高级活动，一种灵魂的活动，只有在内心自由独立的条件下才有可能进行这种活动。一种现代式活动观念指的是为实现外部目的而花费精力，另一种活动观念指的是人的天赋能力的运用，而不管导致外部变化如何。活动的后一含义，已由斯宾诺莎清楚地阐述过。他把诸多影响区分为积极的和消极的影响、“行为”和“冲动”。在积极影响的活动中，人是自由的，是其影响的掌握者；在消极影响的活动中，人被驱使，是其并没有意识到的动机的对象。因此斯宾诺莎得出以下结论：美德和能力完全是一回事。羡慕、嫉妒、雄心及各种贪欲都是激情；爱是一种行为，一个人能力的实践，这种行为只能在自由中实现，而决不能作为强迫的结果。

爱是一种活动，不是一种消极的情绪；它是“永恒的”，而不是“堕入情网”。用最通俗的方式可以把爱的积极性表述为：爱主要是**“给予”**，而不是“接受”。

何谓“给予”？对这个问题的回答是简单的，但它的实际意义却非常复杂和含混。最普遍的误会是设想“给予”即是“放弃”某物，是丧失、牺牲。凡人格的发展还未超过接受、索取、守财倾向这一阶段的人，便有以这种方式“给予”的行为感受。买卖型人格是愿意“给予”，但是它以接受为交换条件；没有接受的“给予”是欺骗。[①] 主要人格倾向是非创造性倾向的人感到“给予”是贫乏的。多数这种类型的人因此而拒绝“给予”。有些人在牺牲意义上将“给予”视为一种美德。他们感到，正因为“给予”是痛苦的，他们才**应该**“给予”。在他们看来，“给予”的美德正在于这种接受牺牲的行为。对他们来说，“给予”比接受好。这一准则意味着承受剥夺之苦比享受欢乐好。

对于具有创造性人格的人来说，“给予”是完全不同的意思。“给予”是潜力的最高表现。正是在“给予”行为中，我体会到自己的强大、富有、能干。这种增强的生命力和潜力的体验使我倍感快乐。我感到自己精力充沛、勇于奉献、充满活力，因此也欢欣愉悦。[②] “给予”比接受更令人快乐，这并不是因为“给予”是丧失、舍弃，而是因为我存在的价值正在于给予的行为。

运用这一原则分析各种特殊的现象，并不难以认识这一原则的合理性。最基本的例证存在于性的范围内。男性的性高潮在于“给予”行为。男性把他的性器官放入女性性器官中，在性欲高潮时，他传给她精液。但如果他没有性交能力，他则不能给予精液。如果他本人不能“给予”，他则没

---

① 参阅弗洛姆《自我的追寻：对道德心理的探讨》第 54—119 页第三章中对这些性质倾向的更详细的讨论。

② 可与斯宾诺莎的快乐定义相比较。

有性交能力。这一过程对女性来说就不同了，且更复杂几分。她也给予了她自身，她敞开通往女性中心的大门。她在接受性行动中“给予”。如果没有这种“给予”的行为能力，如果她只能够接受，那么她就是缺乏性感。“给予”的行为在她那里第二次发生，不是她作为爱人的功能，而是作为母亲的功能。她自动地“给予”体内成长着的孩子，把她的乳汁和全部温暖给予胎儿。而假如不给予这些，她将是痛苦的。

在物质领域内“给予”意味着富有。富有，并不是说拥有很多财物的人就富有，而是慷慨解囊的人才富有。从心理学角度讲，担心损失某样东西而焦虑不安的守财奴——不管他拥有多少财产，都是穷困的、贫乏的。谁能自动“给予”，谁便富有，他体验到自己是一个能够“给予”别人帮助的人。只有除了最基本的生活用品之外没有任何财物的人，才没有能力享受奉献物质财富的欢乐。但日常经验表明，一个人自认为的最低限度的生活需要，既取决于他拥有的财物，更取决于他的品质。众所周知，穷人比富人更愿意“给予”。然而，超过一定限度，贫困使他无力再给。贫困是如此卑劣，它不仅使穷人遭受痛苦，而且还剥夺了穷人“给予”的乐趣。

然而，最重要的奉献领域不是物质财富领域，而是特殊的人的领域。一个人奉献给另一个人的是什么？他奉献自身，奉献他宝贵之物，奉献他的生命。这并不一定意味着他为他人牺牲生命，而是意味着他把自身有活力的东西给予他人，他给他人以快乐、兴趣、理解、知识、幽默、伤感——把他自身的一切充满活力的东西表现出来并具体化。因而，献出生命的过程，使他充实了另一个人，他通过增强自己的活力感而提高了他人的活力感。他不是为了接受而“给予”，“给予”本身是一种高雅的乐趣。但是，在这一过程中，他不能不带回在另一个人身上复活的某些东西，而这些东西又反过来影响他。在真正的“给予”之中，他必须接受回送给他的东西。因此“给予”隐含着使另一个人也成为献出者。他们共享已经复活的精神的乐趣。在“给予”行为中产生了某些事物，而两个当事者都因这是他俩创造的生活而感到欣慰。特别是对于爱来说，这就意味着：爱是创造爱的能力，无爱则不能创造爱。这种思想已由马克思作了精辟的表述，他说：“我们现在假定人就是人，而人同世界的关系是一种人的关系，那么你就只能用爱来交换爱，只能用信任来交换信任，等等。如果你想得到艺术的享受，那你就必须是一个有艺术修养的人。如果你想感化别人，那你就必须是一个实际上能鼓舞和推动别人前进的人。你同人和自然界的一切关系，都必须是你的**现实的个人**生活的、与你的意志的对象相符合的特定表现。如果你在恋爱，但是没有引起对方的反应，也就是说，如果你的爱作为爱没有引起对方的爱，如果你作为恋爱者通过你的生命表现没有使你成为**被爱的人**，那么你的爱就是无力的，就是不幸的。”不只在爱情关系中“给予”才意味着接受，学生教老师、演员受观众的鼓励、精神分析学家受他的病人治疗——只要他们不互相作为对象相待，而是处在真正的创造性的关系中，那么，给予也必然意味着获得。

几乎没有必要强调这一事实：作为“给予”行为的爱之能力，取决于那个人个性的发展。爱以达到突出的创造性的倾向作为先决条件。在这种倾向中，人便克服了依赖性和自诩无所不能的自恋妄想症，摒弃了剥削他人和守财之欲望，从而产生了对他本人能力的自信心和依靠自身能力达到自己目标的勇气。如果谁缺乏这些品质，那么谁便害怕奉献自己——因而也害怕爱。

在给予的因素之外，爱的主动特性明显地表现在这样的事实中，即所有形式的爱常常包含着共同的基本要素：**关心、责任、尊重和了解**。

爱蕴含着关心，这在母亲对孩子的爱中最为明显。如果我们看见母亲缺乏对婴儿的关心，如果她不注意喂他，给他洗澡，使他身体舒服，那么就没有任何人相信她的爱，她也不会真诚地打动我们。甚至对动物或对花的爱也没有什么不同。如果一个女性告诉我们她爱花，而我们看见的竟是她经常忘记给花浇水培土，我们便不会相信她爱花。**爱是对所爱**

对象的生命和成长的积极关心。哪里缺少这种积极关心，哪里就根本没有爱。爱的这一要素，在《旧约·约拿书》中有过精彩的叙述。上帝曾要约拿去尼尼微警告当地的居民：如果他们不改恶从善便要受到惩罚。约拿没有按上帝的意志去做，因为他害怕那里的居民悔过自新，从而令上帝赦免他们。约拿是个有强烈秩序感和法律感的人，但他没有爱。而在他企图逃脱的过程中，他发现自己处于鲸鱼之腹，表明他缺乏爱与和睦，给他造成了孤独囚禁状态。上帝救了约拿，他去了尼尼微，按上帝的意志告诉那里的居民。但他担心的事发生了。尼尼微的人痛改前非，拨正生活航标，上帝原谅了他们，并决定不毁灭这一城市。约拿极为恼怒和失望，他想实行"公正"——不是仁慈。最后他在上帝为了免除他日照之苦而使其在生长的树荫下找到了一些安逸，但上帝让那棵树枯萎时约拿闷闷不乐，生气地抱怨上帝。上帝回答他说："这蓖麻不是你栽种的，也不是你培养的，一夜发生，一夜干死，你尚且爱惜；何况这尼尼微大城，其中不能分辨左手右手的有十二万多人，并有许多牲畜，我岂能不爱惜呢？"[①]上帝以象征性的手法晓谕约拿：爱的本质是为某物而"劳作"，"促使某物成长"，爱和努力是不可分的。你爱你为之努力的东西，同样你为你所爱的东西而努力。

① 译文引自《圣经》和合本。——译者

关注和关心包含了爱的另一方面，同时也是**责任感**的表现。当今的责任常指职责，从外部加于人身上的某些事。但从真正的意义上讲，责任完全是一种自愿的行为，是我对另一个人表达或没有表达的需要的反应。担负“责任”意指能够并准备“反应”。约拿没有对尼尼微居民的责任感。他像该隐一样，可能会问：“我是我兄弟的保护人吗？”这个可爱的人作出了反应。他兄弟的生命不仅仅是他兄弟的事，也是他的事。他感到了对同胞的责任，正如他感到了对自己的责任。至于母亲与婴儿，这种责任主要指对身体需求的关怀。在成年人的爱中，责任主要指对精神需求的关怀。

假如没有爱的第三种要素——尊重，那么责任有可能蜕变成支配和占有。尊重不是害怕和畏惧，根据该词词根来看，它表明按其本来面目发现一个人，认识其独特个性。尊重意指一个人对另一个人成长和发展应该顺其自身规律和意愿。尊重意为没有剥削。让被爱的人为他自己的目的去成长和发展，而不是为了服务于我。如果我爱另一个人，我感到与他或她很融洽，这是与作为他或她**自己的**他或她，而不是我需要使用的工具。很明显只有**我**独立了，只有我无须拐杖也无须支配和剥削任何人而立足和前进，尊重他或她才是有可能的。尊重仅存在于自由的基础上，正像一首法国歌谣所吟：“爱是自由之子。”爱是自由之子，决不是支配的产物。

不了解一个人就不能尊重他，爱的责任若没有了解作为向导便是盲目的。了解若无关心为动力，便是一句空话。了解有多种层次，作为爱的一个方面的了解没有停留在表面上，而是深入到本质。只有当我能够超越对自己的关心而按其本来面目发现另一个人时，这种了解才有可能完成。比如即使他并未明显流露出自己的情绪，我就知道他生气了。我们还可以比这更深地了解他，因此我便知道他很急躁、忧虑重重，他感到孤独，感到内疚。然后，我知道他生气不过是由更深一层的某种原因引起的，在我看来与其说他是个易怒的人，不如说他是个遭受痛苦的人，他忧心忡忡，茫然不知所措。

了解还有一个与爱的问题有关的更基本问题。同另一个人结合以便超脱分离的苦恼，这种根本需要是与人类所特有的欲望——即了解“人的秘密”——紧密联系在一起的。仅就生物学角度说，自然生命本身就是一个奇迹、一种秘密，人无论对自身还是对他的同胞都是一个深不可测的谜。我们认识自身，但即使尽我们的一切努力，也不能完全了解自己。我们想了解我们的同胞，然而我们又不认识他，因为我们不是物，我们的同胞也不是物。对我们或某个人的存在了解得越深，那个目标就会离我们越远。然而，我们渴望了解人们心灵的隐秘，深入到“他”之为他的最核心的东西。

有一种了解秘密的极端方法，那就是全部能力超过另一个人，这种能力使他为我们之所为，感我们之所感，想我们之所想。这种能力把他变成一种物——我们的物，我们的财产。这种了解的企图达到登峰造极便成为极端的虐待狂。虐待狂渴求并能够使一个人遭受痛苦、折磨，从而迫使他泄露秘密。虐待狂如此残暴和冷酷无情，一个基本动机就在于这种观察人的秘密——人类的因而也是我们自己的秘密——的渴望。伊萨克·巴别尔曾极简明地表达了这种观点。他引用一位在俄国内战时曾处死其前任长官的同僚的话说："对于枪杀，我要这样说，用枪杀，你只能消灭一个人的肉体。……用枪杀你决不能发现灵魂，不能发现灵魂在人体哪个部位并如何表现自己。但我不能饶恕自己，我曾不止一次残暴对待一个敌人达一个多小时。你明白，我想知道究竟什么是生命，像我们这种方式的生命是什么。"①

在孩子们身上，我们常可以发现这种完全公开的认识方式。小孩把某物拆开，分解它以便了解它；他或者肢解一只动物，为了了解蝴蝶飞翔的秘密而残忍地撕掉它的双翼。这种残忍本身以更深刻的目的为动机：了解事物和对生命秘密的渴望。

了解"秘密"的另一个途径就是爱。爱是对他人的主动洞察力，在这种洞察之中，我了解秘密的渴望由结合而平

---

① 伊萨克·巴别尔：《短篇小说集》，标准丛书，纽约，1955。

息。在融洽的行为中，我了解你，我了解自己——我了解每个人——而我“一无”所知。我懂得，对人类来说只有通过这条途径——通过结合的经历，而不是通过我们思维能够提供的任何知识——才有可能了解富有生命力的东西。虐待狂被想解开这个秘密的愿望所驱使，然而我仍然如故，还是那样的冥顽无知。如果我肢解了另一个躯体，我做的一切将把它毁掉。爱是了解的唯一途径，在结合行为中，它回答了我的探求。在爱的行为中，在奉献我自己的行为中，在洞察另一个人的行为中，我找到了自己，我发现了自己，我发现了我们两个人，我发现了人类。

德尔斐神庙里那句箴言“认识你自己”，表达了渴望认识我们自身和认识我们的同胞的愿望，这种渴望是一切心理的主要动机。但因为希望认识的是人的一切，认识灵魂深处的秘密，这种愿望永远不会因一般的认识——仅仅是思想上的了解——而满足。即使我们对自己的认识水平提高一千多倍，也决不会彻底了解自身。我们对自己来说是个谜，正如我们的同胞对我们来说是个谜一样。爱的行为是充分了解的唯一途径，这种行为超越了思维，超越了语言。它是达到结合体验的大胆尝试。然而思想上的认识，只是心理学上的认识，是在爱的行为中充分了解的必要条件。为了真实地发现另一个人，更确切地说，为能消除幻觉，消除我对他存有的不合理的歪曲印象，我必须客观地认识他和我自己。只有客观地认识一个人，才能在爱的行为中认识他最本质的东西。①

认识人的问题与认识上帝的宗教问题是相同的。在西方传统的神学中，企图由思维来认识上帝，并企图制造**所谓的**上帝的箴言。它设想我在思维中认识上帝。在神秘主义——那是一神教的必然产物（像我后面将说明的那样）——中，放弃了用思维认识上帝的企图，代之以与上帝融为一体的感受。在那里，根本没有余地——也没有必要——存有关于上帝的知识。

与人结合，或从宗教方面说与上帝结合的经验根本不意味着非理性。正如阿尔伯特·施韦泽②所指出的那样，它是唯理论最大胆、最激进的推论。它基于我们对基本原理而不是非本质属性的认识，基于我们知识的局限性。它是对我们将永远不能彻底“把握”的人类和宇宙奥秘的认识，然而在爱的行为中我们却能够认识和了解它。心理学作为一门科学有其局限性，正如神秘主义是神学的逻辑产物，心理学的最终归宿是爱。

---

① 以上陈述，对心理学在当代西方文明中的作用有一个重要的隐含意义。心理学的普遍受欢迎，固然表明一种认识人的兴趣，但这也暴露了在当今的人际关系中爱的根本缺乏。因此，心理学知识成了爱的行为中充分了解的取代物，而不是向这种充分了解迈进的一个阶梯。

② 阿尔伯特·施韦泽（Albert Schweitzer，1875—1965），德国神学家，1952年诺贝尔和平奖获得者。——译者

关心、责任、尊重和了解是相互依存的。只有在成熟的人身上才能找到这四者的交融形态；凡成熟的人都能创造性地发展自己的能力，他们放弃了自诩为无所不能的自恋的梦想，把已获得的谦恭置于真正的创造性活动产生的精神力量基础之上。

至此，我把爱作为人们分离的结束，作为结合渴望的满足来谈。然而在人对结合普遍的现实需要之外，出现了一种更特殊的生物性上的需要：对两性结合的欲望。起初男人和女人是一体的，后被对半切割开，此后每个男人就一直在寻找他失去的女性部分，以便再度与之结合。在这个神话中，最深刻地表达了两性分化的观点（《圣经》故事中也包含了同样的两性最初结合的思想：夏娃是用亚当的肋骨做成的。不过，这个故事经过父权思想的解释，女人被认为是从属于男人的）。这个神话的意义非常明确，性的两极分化导致人们寻求特殊的结合方式。两性本质截然相反，在每个男人和女人身上都是如此。但正如从生理学上讲男女都各有异性的荷尔蒙一样，从心理学意义上说，同时他们也是兼有两性。他们自身带有接受和洞察的天赋、肉体和精神的天赋。不管男人还是女人，只有在其截然相反的两性特质结合时才在自己的人格中发现了结合。这样，两极性是一切创造力的基础。

两极性也是男女自身创造力的基础。从生物学上讲，这一点在精卵结合是小孩诞生的基础这样的事实中表现得很明显。而在纯心理范围内也同样如此。在男女的爱情中，两个人各自都获得了新生（同性恋者无法达到这种两极性结合。因此，同性恋者忍受着永无终结之日的分离的痛苦，他也与没有爱的异性恋者共同分担着这种痛苦）。

在自然界中存在着同样的阴阳两极性。不仅在动植物中明显是这样，在两种基本机能，即接受机能和洞察机能的两极性中也是这样。诸如大地与雨的相向性，河流与海洋的相向性，昼与夜的相向性，黑暗与光明的相向性，物质与精神的相向性。伟大的伊斯兰教诗人、神秘主义者鲁米绝妙地表达了这种思想：

情人追求的是心爱人的向往。
只有爱的闪电射穿一颗心，
才知晓另一颗心爱的光芒。
如果真主的爱在你心中荡漾，
那是真主投下爱的光。
孤掌难鸣，
神明等于命运。
天意让我们成为痴女情郎，
是前世姻缘吗？
世界的每一部分，

都会与它的旅伴结为伉俪。
在智者的眼中，
天国似男儿，
地球如姑娘，
地球抚慰了天国赐予的沧桑。
地球乏热，
天国馈赠；
地球失去活力和雨露，
天国重使之春光煌煌；
天国循目，
有如丈夫为妻子巡防；
地球恰似繁忙的主妇，
生儿育女，
情意盎盎。
地球和真主富有智慧，
它们与智者同在垦荒。
倘若，
倘若它们没有互从对方得到愉悦，
又为何像情人一样，
终日厮守在一旁。
没有地球，
怎能鲜花怒放，

树木成长？
没有天国的雨水和热量，
又哪里有万物、大洋？
真主赋予男儿女郎以欲望，
所以，
所以世界应该因他们结合而永亮。
真主在生命的每一部分，
都输入了对另一部分的怀想。
昼夜看上去似乎是仇敌，
却是目的同一的鸳鸯。
所有相爱的人，
都是为了双方的共享；
没有夜晚，
人类将一无所获，
因而，
因而也不会有可供白昼消耗的阳光。①

阴阳两极性问题导致了对爱和性的主题材料的进一步探讨。前面我谈到弗洛伊德的错误：他仅仅把爱视为性本能的表现或升华，而没有认识到性欲是对爱和结合的需求的一种

① 引自R.A.尼古尔逊：《鲁米》，122—123页，伦敦乔治·艾伦和安文有限公司，1950。

表现。但弗洛伊德的错误远非如此。与他的心理学上的“唯物主义”相符合，他发现了性本能是为解脱体内痛苦的追求而引起的化学性紧张的结果。性欲的目的在于解除这种痛苦的紧张，性的满足在于这种解除的成功。如同机体营养需要而引起的饥渴一样，性饥渴同样难以忍受，仅就这一范围而言，这一观点是有其合理性的。从这一观点上讲，性欲是一种迫不急待的渴望。性欲的满足是这种渴望的解除。实际上就与性这一概念有关系的行为而言，手淫常是理想的性满足。很矛盾，弗洛伊德忽视的是精神病患者生物学方面的性、男女两极性，以及由结合而贯通这种两极性的愿望。这种奇怪的错误或许可以用弗洛伊德的极端家长主义来说明。这种家长主义导致他设想性别的每个硒（Se）都是阳性的，这使他忽视了特殊的阴性。他在《性学三论》一书中表达了这种观点。他说力比多经常具有“一种阳性性质”，不管它是男人的还是女人的；在弗洛伊德的另一理论——在小孩的感受中，女人像阉割的男人，她因失去男性生殖器而寻求各种补偿——中，也以合理化的形式表达了同一观点。然而女人不是阉割过的男人，其性别按特点来讲是阴性而不是“阳性”。

就解除紧张需要而言，两性间的吸引只是部分动因，主要动因是与异性结合的需要。事实上，性爱的吸引力决非仅表现为性吸引力。在特性上和性机能上都存在着阳性和阴性。男子的特性可以解释为具有洞察力、控制力、积极进取、严守纪律和勇于冒险这些品质；女子的特性——从品质上说——是在创造性的接受、保护、温柔、务实、忍辱负重、母性（务必记住：在每个人身上，两种特性是融合的，只不过是具有属于“他”或“她”的特性的优势而已）。非常常见，如果一个男子因为在情绪上还很孩子气而削弱了其男性性格特征，他就会加强男性气质来试图弥补这方面缺陷。结果他才需要在性方面证明他男性的才能。当男性气概丧失到极端时，就会成为虐待狂（使用暴力）——一种堕落成为男子气概的代替物。如果女性特性被削弱或扭曲，便会变成受虐待狂或附属物。

弗洛伊德因过高地评价性而一直受到批判。这种批判的动机常常是希望移除弗洛伊德理论中会引起普通人反感的部分。弗洛伊德敏锐地察觉到这一点，也正是由于这个原因，他同各种试图改变其性理论者作斗争。诚然，弗洛伊德的理论在当时具有挑战性和革命性，但是，在一九〇〇年前后是正确的，而五十年后并不一定那么正确。性的很多方面已经发生了许多变化。弗洛伊德理论对西方资产阶级不再有打击力。今天正统的分析学家仍认为他们是弗洛伊德性理论的勇敢而激进的卫士，这实际上是一种幻想的激进主义。事实上，精神分析在他们身上的表现是遵奉教条，而不是试图提出会导致当代社会一场批评运动的心理学问题。

我对弗洛伊德理论的批判并不是说他过于强调性的作用，而是说他对于性没有深刻的理解。他在发现人们之间情感的重要性方面走了第一步；而他依据他的哲学前提，仅从生理学角度解释了这些情感。在精神分析学的进一步发展中，有必要把弗洛伊德的见解从心理学领域扩展到生物学和存在的领域，从而纠正和深化他的思想。①

① 弗洛伊德后来在其关于生命和死亡本能的思想中，朝这个方向迈出了第一步。以前他的作为综合统一原理的思想是与他的性欲的思想完全不同的。尽管生命和死亡本能理论被正统的精神分析学家所接受，但就涉及的学术研究而言，这种接受并没有导致性欲思想的根本修正。

二　父母与子女之间的爱

如果不是仁慈的命运保护婴儿，不让他意识到因与母亲和母体内的生活“分离”而产生的焦虑，婴儿在出生时必定会感到死亡的恐惧。甚至在出生后，他与出生前相比几乎没有什么不同：他分辨不出物体，他没有意识到他自己及外部世界。他只能感到温暖与食物的直接诱惑，而不能把温暖与食物同它们的来源“母亲”区别开。母亲**便是**温暖，母亲**便是**食物，母亲**便是**满意和安全的和谐状态。这种状态——用弗洛伊德的话来说——是一种自恋状态。外界存在——人和物——只有当他们适合或挫伤婴儿肉体的内在状态时才有实际意义。只有内在的东西才是真实的，而身体之外的物只有符合我的需要——决不是符合事物本身的性质或需要——才是真实的。

孩子发育成长后，开始能够按事物的本来面目去理解事物，饱食的满足不同于对母亲的乳头和她的乳房的感受。最终，孩子会感受到自身的饥渴以及甘甜的乳汁、乳房和母亲是不同的东西。他学会把许多事物作为不同的各有其自身存在价值的东西来理解。这时他学会了叫它们的名字，同时也学会了与它们打交道。他逐渐知道火是热的并能灼痛人，母亲的身体温暖令人惬意，木头又硬又重，纸轻且能撕开。他注意别人的反应，明白吃东西时妈妈会微笑，哭泣时妈妈会把他搂在怀里，甚至他便溺时妈妈也会表扬他。所有这些感受可以概括为一条：**我被爱**。我之所以被爱，因为我是母亲的孩子，因为我无以自助，因为我惹人喜欢，因为母亲需要我。归纳成一个更一般的公式便是：**我因我的样子被爱**。或者也可以更为准确地说：**我是我，所以被爱**。这种被母亲所爱的感受是被动的。我不必为了被人爱而做任何事——母爱是无条件的。要我做的只是存在——是她的孩子。母爱是极乐，是安宁，它无须索取，不必报偿。但母爱的无条件性也有一方面被忽视了：它不仅无须报偿，也**无法**索取、制造和控制。如果它出现，便像是恩赐；如果它不存在，似乎像是一切美好事物都消失了——谁也无法创造它。

对大多数年龄在八岁半到十岁的儿童来说，被爱的问题——他之为他而被爱的问题——几乎是全部[①]。这个年龄的儿童还不会爱。他很感激、很高兴被人爱。儿童成长到这时，一种新的因素加入：由于自己的活动而产生一种爱的新感情。孩子第一次想到要给予母亲或父亲某种东西，想到创造某种东西——一首诗、一张画，或任何可能做成的东西。在儿童生活中，爱的观念第一次从被爱转变成爱，转变成创造爱。从第一次爱的冲动到爱的成熟需要多年时间。最后，这个儿童——他现在已是青年——超脱了自我的中心，别人

---

① 参阅沙利文在《精神病学中的人际关系理论》（纽约 W.W. 诺顿公司，1953）一书中对这种发展过程的描述。

的帮助不再是他满足自己需要的主要手段。别人的需要与他自己的需要一样重要——其实，前者已经变得更加重要。给予比接受更令其满意、令其高兴；爱甚至比被爱更重要。通过爱，他摆脱了由自恋和以自我为中心这种状态形成的孤独和隔离的牢笼，他感到新的融洽、享受和协调。更进一步说，他感到由爱——而不是由接受爱的依赖性（正因为这种依赖性，他一定会变得卑微、无助、不健全或"乖"）——而产生了爱的力量。童稚的爱遵循这一原则："**我因被爱而爱**。"成熟的爱遵循"**我因爱而被爱**"这一原则。不成熟的爱宣称："**我爱你，因为我需要你**。"成熟的爱是："**我需要你，因为我爱你**。"

与爱的**能力**的发展密切相关的是爱的**对象**的发展。幼儿是最依赖母亲的。这种依赖始于出生前，即当母子还是一体的时候——虽然他们已是两个人。婴儿的问世在某些方面改变了这种状态，但已生活在母体之外的婴儿仍完全依赖母亲。日复一日，他变得越发独立：他学会走路、说话、探究世界；他与母亲的关系在一定程度上失去了事关存亡的重要性，与父亲的关系却越来越重要。

为了弄清这种从母亲到父亲关系的转移，我们必须考虑到母爱与父爱间的本质区别。我们已经谈论过母爱。母爱就其本质而言是无条件的。母亲爱新生婴儿，只因他是她的孩子，不是因为这个孩子满足了任何特殊条件，或实现了什么特殊的期望（当然，这里我所谓的“母爱与父爱”，我所说的“理想类型”——是马克斯·韦伯的术语，或荣格所理解的一种原型——并不是说每个母亲或父亲都这样爱。我论述的是体现在父母身上的父爱和母爱的原则）。无条件的爱与一种最殷切的期望相一致，这种期望不仅存在于儿童，也存在于每个成年人；在另一方面，由于你的优点和你值得爱而被爱的话，总会留下疑问。也许我没能让我希望爱我的人高兴，也许说不清什么原因——总是存在一种爱可能消失的恐惧。而且，“值得的”爱容易留下自己不被爱的痛苦之感——你仅因为令人高兴而被爱，从最终的分析看，你根本不是被爱，而是被利用。无怪乎我们都一直渴望着母爱，不管是孩子还是成人。多数孩子都十分幸运地获得母爱（达到何种程度后面再论），而成年人，要满足同样的渴望就困难得多。最令人满足的情爱亦能满足这种渴望，它也常体现为宗教形式的爱，更常见的是体现为神经质的爱。

对父亲的关系却完全不同。母亲是我们出生的地方，她是自然、土地和海洋；父亲却不代表任何这样的自然来源。他在孩子出生的头几年里几乎与其没有联系。在这一早期阶段，他对孩子的重要性无法与母亲相比。然而，尽管父亲不代表自然世界，他却代表人类生存的另一支柱，代表思想的世界，人化自然的世界，法律和秩序的世界，原则的世界，游历和冒险的世界。父亲是教育孩子并指引他步入世界之路的人。

与这一作用有密切联系的是社会-经济发展。一旦拥有私有财产，并只可以由一个儿子继承，父亲便开始寻找能够继承他财产的那个儿子。很自然，这个人便是父亲认为最适合做其继承人的，那个最像他因而他最喜欢的儿子。父爱是有条件的爱。这种爱的原则是："我爱你，因为你实现了我的愿望，因为你尽了职责，因为你像我。"在有条件的父爱中，我们发现与无条件的母爱一样，有消极的一面，也有积极的一面。消极的一面就是父爱必须有报答，如果你不按他所希望的去做便会失去他的爱。父爱的本质在于：服从成为主要的美德，不服从乃是主要的罪孽——以收回父爱作为惩罚。积极方面同样重要。既然父爱是有条件的，我们就可以想办法获得它，并为此而努力；他的爱不像母爱那样不为我们所控制。

父母对孩子的态度与孩子本身的需要相适应，幼儿需要母亲无条件的爱以及身心两方面的关怀。六岁以后的孩子开始需要父爱，需要他的权威和引导。母亲起到保证孩子生活安全的作用，而父亲则有教育孩子、引导孩子应付来到这个大千世界所面临的那些问题的责任。在最理想的情况下，母爱并不企图阻碍孩子成长，不鼓励他的依赖。母亲应对生活抱有信心，因而不会过分焦虑，这样才不会把她的焦虑传染给孩子。孩子独立并最终离开她的这一愿望，应是母亲生活的一部分。父爱应以道理和期望来引导孩子，应是忍耐和宽容，而不是威胁和独裁；应让正在成长的孩子感到自己的能力日益增强，并最终允许他成为自己的主人，与父亲的权威相分离。

最后，这个已成熟的人走到这一步：他是自己的父母。他既有母亲的良心，也有父亲的品德。母性的良心说：“没有任何错误或罪恶可以剥夺我对你的爱以及我对你生命和幸福的期望。”父性的良心是：“你错了，你就不能回避由你的错误行为所造成的后果，如果要我喜欢你，重要的是你必须改正错误。”成熟的人不受外部父母形象的影响，而是在内心建立起父母的形象。与弗洛伊德的超我观念相反，这种建立不是通过把父母的形象结合起来，而是通过在他自身对爱的能力基础上建立起母性的良心，在自身理智和判断基础上建立起父性的良心。而且，成熟的人同时用母性的良心和父性的良心去爱，尽管两者似乎相互矛盾。如果他只有父性的良心，便会变得苛刻，不通人情；如果他只有母性的良心，便易于失去判断能力，并阻碍他自己及他人的发展。

智力健全的基础和成熟的标志，存在于这一从对以母亲为中心的依附到对以父亲为中心的依附并最终达到两者综合的发展过程中。引发精神病的根本原因在于这一发展过程的失败。更充分地讨论这种思想倾向已经超出本书范围，这里只能简要阐述这一观点。

精神病产生的一个原因可能在于这样一个事实：一个男孩子有一位慈爱但又过分纵容或专横的母亲，和一位无能而又兴趣索然的父亲。在这种情况下，孩子可能仍停留在对母亲的早期依恋上，而变成一个依赖母亲的人，具有善于接受型人格，也就是愿意接受、被保护、被关心，缺乏父亲的品质（自制、独立、主宰生活的能力）。他可能会试图在每个人身上——有时在女人身上，有时在处于权威及有权势的男人身上——寻找“妈妈”。另一方面，假如母亲冷酷、反应迟钝而又专横跋扈，他可能会把对母亲保护的要求转移到父亲身上，并模仿父亲的形象——在这种情况下最终结果与上述情况类似——他将发展成为一个只有父性倾向的人，完全沉溺于法律、秩序、权威之中，缺乏期望或接受无条件的爱的能力。如果父亲是个独裁主义者，并且紧紧依附于他的儿子，那么，上述情况会进一步强化。这些精神病的产生都是因为母性或是父性发展失败——而且这也是更严重的精神病产生的原因——父母的角色与外界的人混淆了，也与人内心应建立的品质混淆了。进一步考察可能会表明，某些精神病，如强迫型精神病，多产生在单方面对父亲的依附基础上，而其他如癔病、酗酒、缺乏维护自己的能力和现实地应付生活的能力以及压抑感，则多来源于对母亲的依附。

三　爱的对象

爱主要不是一种对某个特殊人的关系；它是一种**态度**，一种决定一个人对整个世界而不是对某个爱的“对象”的关系的**性格倾向**。如果一个人只爱某一个人，对其他同胞漠不关心，那么他的爱就不是真正的爱，而是共生性的依附，或是扩大了的自我主义。不过，大多数人认为爱是由对象构成的，而不是由爱的能力构成的。事实上，他们甚至相信，他们只有除了爱那个“被爱的”人之外不再爱任何人，才能证明他们爱的强烈。我们前面已提到这种相同的谬论。因为人们看不到爱是一种活动、一种精神力量，才相信全部需要仅仅是找到合适的对象——而后所有的一切都将自然产生。这种态度类似一个想画画而又不去学习这门艺术的人——这人宣称他非等到那个合适的景物不可，认为一旦发现了合适的景物，他就可以画出杰作来。如果我真正爱一个人，我就会爱所有人，爱这个世界，爱生活。如果我能对另一个人说“我爱你”，我就一定能够说：“我因为你而爱每个人，我通过你而爱这个世界，我由于你而爱我自己。”

不过，说爱是一种对所有人而非一个人的倾向性，并不意味根据爱的对象而划分的不同类型的爱之间没有任何差异。

1 兄弟的爱

兄弟的爱，是构成各种爱的最基本的爱。这里，我所说的爱指责任感、关怀、尊重、对他人的了解、推动生活的愿望。这便是《圣经》上讲的像爱你自己那样爱你的邻人的那种爱。兄弟的爱是对所有人类的爱，它以没有独占性为特征。如果我已具备了爱的能力，我便会不由自主地爱我的人类兄弟。兄弟之爱中存在着人类联合、人类团结和人类一体化之感。兄弟之爱建立在我们所有人一体的这种感受上。天赋、智力和知识上的差别与人人共有的人性本质相比较是不值得一提的。要体会这种同一性，必须透过现象看本质。如果我们主要从表面上观察另一个人，那么，我们发现的主要是我们之间的差别；如果我们深入到本质，我们就会找到我们之间的同一性，认识到手足之情这一事实。由本质到本质——而不是由表面到表面——的联系，是“中枢关联”。或正如西蒙娜·薇依[①]对此所作的绝妙表述：“同一言辞（如一个人对妻子说‘我爱你’），由于表述方式的不同，可能是平凡之语，也可能是惊人之辞。这句话应来自内心深处，且只为表达爱。通过奇妙的默契，讲者与听者达到了同一程度的理解。因此，如果听者稍有分辨能力，便会知晓话

---

①、西蒙娜·薇依（Simone Weil，1909—1943），法国女作家，神秘主义者。——译者

的价值。”[①]

兄弟的爱是相互间平等的爱。不过，实际上，就平等而言，我们也不总是“平等”的，因为我们是人，我们都需要帮助。今天我需要，明天你需要。但这种需要并不意味着一个人无能，另一个人有能力。无能是暂时的情况，独立自主地生活是久恒的普遍的能力。

然而，对无助者的爱，对穷人和陌生人的爱，是兄弟之爱的开端。爱骨肉亲人并不是伟绩。动物也爱它的幼仔并照顾它们。无助者爱他的雇主，因为他的生命有赖于他；孩子爱他的父母，因为他需要他们。只有在那种不服务于任何目的的爱中，真正的爱才开始显露。有意思的是，在《旧约》中，人类的爱的中心对象是穷人、陌生人、孤儿和寡妇，最后是民族的敌人——埃及人和以东人。[②]由于对弱者的同情，人类开始产生兄弟的爱；在其对自己的爱中，他也爱那需要别人帮助的人。同情包含着了解和认同的因素。《旧约》上写道：“你知道寄居的心”，“因为你们在埃及地也作过寄居的……因此要怜爱寄居的”。[③]

① 西蒙娜·薇依：《重负与神恩》，117 页，纽约 G.P. 帕特曼子公司，1952。

② 参见《旧约·出埃及记》和《旧约·申命记》。——译者

③ 赫尔曼·科汉在《源于犹太教本原的理性的宗教》（法兰克福，1929）一书第 168 页表达了相同的观点。

2 母爱

在前面我们讨论母爱与父爱的区别时，论述过母爱的性质。正如我在前面所说，母爱是对孩子生存及其需要的无条件的肯定。不过在这里对此说法需作一个重要补充。对孩子生存的肯定有两方面：一是对保护孩子生存和成长来说绝对必要的关心和责任；另一方面比单纯的保护更进一步，是灌输给孩子爱生命的态度，使孩子感到活着是美好的，无论是男孩还是女孩，活在这个地球上就很美好。母爱的这两方面责任，简明地表达在《圣经》的创世说之中。上帝创造了世界和人。这与对生存的简单关心与肯定相一致。但上帝超出了这个最低要求。创造了自然和人之后的每一天，上帝都说："这是好的。"第二步，母爱使孩子感到：降生到这个世界上很好。母爱灌输给孩子对生活的爱，而不仅仅是活着的愿望。同一思想在《圣经》另一象征中得到体现。应许之地（土地总是母亲的象征）被描述成"流奶与蜜之地"。乳汁是爱的第一方面的象征，即关心和肯定的象征。"蜜"象征着生活的甜美、爱和生存的幸福。大多数母亲有能力贡献"乳汁"，只有少数母亲能同时贡献"蜜"。为能提供"蜜"，一个母亲不仅必须是个"好母亲"，还必须是个愉快的人——许多人达不到这一目标。这种对孩子的作用绝非夸张。母亲对生活的爱像忧虑一样会感染孩子。两种态度都对孩子的整个性格发展有深刻的影响；其实，人们是能够在孩子或大人中分辨出谁仅仅得到了“乳汁”，谁得到了“乳汁和蜜”的。

与兄弟的爱和性爱——这两种爱是平等的人之间的爱——相反，母亲与孩子的关系就其本质而言是不平等的：一方事事需要帮助，另一方则给予帮助。正因为母爱这种利他的无私特性，所以被认为是最高层次的爱，是一切感情中最为神圣的。然而，母爱的真正伟大之处似乎并不在于母亲对婴儿的爱，而在于对成长着的孩子的爱。实际上，只要幼儿还小，还完全依靠她们，大多数母亲都是有仁爱之心的。多数女人想要孩子，为新生婴儿感到幸福，渴望关怀他。即使母亲们除了孩子脸上的微笑或满足的表情外没有得到任何报偿，也依然如故。这种爱的态度似乎部分地来源于本能。不管这种本能因素的分量多重，也有产生这种母爱的人类所特有的心理因素。在母爱中可以发现自恋的特征，因为幼儿仍被看作是她的一部分，她对他的爱和迷恋可能就是她自恋的一种满足。母亲对权力欲和占有欲的希冀是另一动因，幼弱的完全服从于她的意愿的孩子，对一个专横的渴望占有的女人来说，是让她得到满足的自然对象。

尽管这些动机屡见不鲜，但比起对出人头地的需求这个动因来，或许还不那么重要而且缺乏普遍性。对出人头地的需求是人类最基本的需要之一，它根植于自我意识这一事实，来源于人们并不满足于自己是生物，不能接受自己像是从杯子里抛出的骰子似的任人摆布这一事实。人们需要感到自己是创造者，是一个超出了被创造者的被动角色的人。达到这种创造的满足有许多途径，其中最自然因而也是最容易成功的是母亲对孩子的关怀和爱。她以超脱自我的态度对待幼儿，她对孩子的爱赋予了她的生命以意义和价值（男性之所以迫切要求以人化自然和创造性观念来超脱自我，正在于他缺乏由抚养孩子来满足他出人头地的需要和能力）。

但孩子总是要长大的。他终究会离开母亲的怀抱，变成一个完全独立的人。母爱的本质就在于关心孩子的成长，而这便意味着想让孩子离开她。它与性爱的根本区别就在于此。在性爱中，原本分离的两个人融为一体。在母爱中，原来融为一体的两个人分离了。母亲不仅必须容忍而且必须希望并支持孩子离开她。只有到这一阶段，母爱才成为如此困难的事。它要求毫无私心，要求具有“给予”一切，除了被爱者的幸福外一无所求的精神。也正是在这一阶段，许多母亲没尽到母爱的责任。自恋的女人、专横跋扈的女人、只想占有的女人，当孩子还小的时候，也能做一个“慈爱的”母亲；但在与孩子分离的过程中，只有真正慈爱的女性，只有感到“给予”比索取更幸福的女性，只有坚定地依靠自己生存的女性，才是一个慈爱的母亲。

为了孩子的成长的母爱，是一种不想为自己谋求任何东西的爱，也许这是最难以达到的而且更难以辨明的爱，因为母亲能够轻而易举地爱她的幼儿。但是恰恰因为这一困难，只有能够爱的女性——爱她的丈夫，爱其他孩子，爱陌生人，爱所有人，才是一个真正慈爱的母亲。从这种意义上说，没有能力爱的女人，在孩子很小时，能够做的只是柔情的母亲，而不会是慈爱的母亲。慈爱的母亲的责任是承担分离的愿望，并且在分离后继续慈爱。

3 性爱

兄弟的爱是平等的人之间的爱，母爱是对无助者的爱。尽管有区别，但是这两种爱的对象并没有囿于一个人，这一点是共同的。我若爱我的一个兄弟，我便爱我所有的兄弟；我若爱我的一个孩子，我便爱我所有的孩子。不仅如此，我还爱所有他人的孩子，爱所有需要我帮助的孩子。与此相反的是**性爱**，性爱是对与另一异性的完全融合、结为一体的渴望。从其本性来说，它是排他的，不具有一般特性的爱。它也许是所有形式的爱之中最靠不住的。

首先，人们常把性爱与“堕入”情网的强烈感受（即两个陌生人之间的屏障突然崩解）相混淆。但正如前面指出的，这种突然的亲密感从其性质上说是短暂的。陌生人变成熟悉的人之后，再没有需要突破的障碍，再没有突然亲近的感受。“被爱的”人已像自己一样熟悉。或许，更准确地说是也不甚了解。如果和对方有更深的交往，如果你能体验对方个性的多样，对方绝对不会变得如此熟悉，而穿破障碍的奇迹也许会天天发生。但对于大多数人来说，无论是他们自己还是其他人，很快就会被彻底了解。在他们看来，亲密的关系主要通过性关系建立。既然他们感到与另一个人的分离主要是肉体的分离，那么肉体的结合便意味着克服分离。

此外，对许多人来说，还有克服分离的其他方式。谈谈某人的私人生活，某人的希望和焦虑，显露孩子气的一面，建立对世界的共同兴趣——所有这些都能被用来克服分离，甚至表达自己的气愤、憎恨、完全没有自制力也是亲密的体现，这可以解释已婚夫妇常具有的反常的吸引，他们似乎只有同床或互相发泄怨气和愤怒时才像是亲热。然而，所有这些类型的亲密都会随着时间的推移而减弱，结果是另寻新欢，觅找新的陌生人的爱。这个陌生人又会变成“亲密的”伴侣，堕入情网的感受又是富有刺激性的、强烈的。但慢慢地，这种感受又变得越来越弱，并以希望再征服一个人、获得新的爱而告终。人们常幻想新的爱情会不同于先前的爱情。迷惑人的性欲大大助长了这些幻想。

性欲旨在结合——绝不仅指肉欲和解脱痛苦的紧张状态。但性欲可能被孤独引起的焦虑、征服或被征服的愿望、虚荣心、伤害欲甚至毁灭欲激发，正如它能够被爱激发一样。性欲似乎很容易与各种强烈的情感（爱仅是其中之一）相混淆，并被其激发。在大多数人的头脑中，性欲与爱的观念并行不悖，他们很容易得出错误的结论：他们在肉体上互相需要时便是相爱。爱能够激起性结合的欲望；在这种情况下，肉体的关系很少有贪欲和征服或被征服欲，而是与温情脉脉相伴。如果对肉体结合的欲望不是被爱激起的，如果性爱不同时也是兄弟之爱，便决不会导致稳定的结合。此时，性吸引产生了结合的幻觉，然而没有爱。这种“结合”留给这些陌生人的是如同先前一样远离对方——有时使他们互感羞臊，或者互相憎恨，因为幻觉消失后，他们甚至比以前更强烈地意识到他们的疏远。决不像弗洛伊德认为的那样，温情是性本能的升华，相反，它是兄弟之爱的直接产物，它既存在于肉体形式的爱之中，又存在于非肉体形式的爱之中。

在性爱中，有一种为兄弟之爱和母爱所没有的排他性。我们有理由对此作些更深入的讨论。性爱的这种排他性常被误认为意味着占有的依赖性。人们常会发现两个彼此“相爱”的人对任何其他人都没有爱。事实上，他们的爱是一种两个人之间的自我主义。他们彼此在对方身上寻找自我，通过把单个人扩大成两个人来解决分离的问题。他们有了克服孤独的经验。然而，既然他们与其他人分开了，他们自身也就仍然彼此分离和疏远，他们的结合体验是一种幻觉。虽然性爱是排他的，但它因爱另一个人而爱所有的人，所有活生生地存在着的人。仅从一个人能充分而强烈地只与另一个人结合起来的意义上说，性爱才是排他的，即仅在性结合、在生活各方面承担全部义务的意义上，才排斥对其他人的爱——但不是在深厚的兄弟之爱意义上排斥其他人。

如果说性爱是爱，那么它需要一个前提，那就是我从自身的存在本质出发去爱——并且也在他或她的存在本质中感受另一个人的爱。人的本质都是同一的。我们都是整体的一部分；我们就是整体。正因为如此，爱谁都不应有任何区别。爱本质上应是一种意志行为，是用自己的生命完全承诺另一个生命的决心。的确，这是隐蔽在婚姻背后的理论基础，是传统的诸多婚姻形式——两个伴侣不是自发选择，而是别人代为选择，却又指望相爱——的后盾。在当代西方，这种观点显然十分荒谬。爱应是一种自发的情感产物，是突然被一种不可抑制的情感所俘虏的产物。从这种观点上看，人们只看到当事人的特殊性，而没有看到所有男人都是亚当的一部分、所有女人都是夏娃的一部分这一事实。人们没有看到性爱中的一个重要因素——**意志**。爱上某人不只是一种强烈感情，还是一种决定、一种判断、一种承诺。如果爱仅是一种感情，便没有那种永远互爱的诺言的基础。感情可生亦可灭。当我们的行为不能囊括判断和决定时，怎么可能判断它将永驻呢？

考虑到这些问题，我们可以得出这样的认识：性爱是一种排他的意愿与承诺的行为。因此从根本上说，爱的对象是谁，无关宏旨。不管婚姻是由他人撮合，还是由个人选择，一旦决定结婚，这种意愿行为就应保证爱的持久。这种观点似乎忽视了人的本性的矛盾及性爱的矛盾。我们是一个整体，但我们当中的每个人又是独特的。在我们与他人的关系中出现同样的矛盾，因为我们是一个整体，我们就能够在兄弟之爱的意义上去爱每一个人；但因我们各不相同，性爱就要求有某些特殊的个性因素，有些人相互吸引，对其他人则不然。

上述两种观点，认为性爱完全是个人的吸引、是两个特定的人之间的特殊吸引的观点，和认为性爱就是一种意愿行为的观点，都是正确的——或者可以更确切地说，真理既非此也非彼。因此，人们认为一旦出现裂痕就应分道扬镳的观点，就如同无论如何都不能解除关系的观点一样错误。

4 自爱[①]

虽然没有人反对把爱的概念运用于不同的对象，但以为

---

① 保罗·梯力奇在对《健全的社会》一书的一篇评论（载于《牧灵心理学》，1955 年 9 月）中建议，放弃模棱两可的“自爱”一词而代之以“自然的自我肯定”或“辩证的自我承认”也许更好些。虽然完全可见这一建议的优点，我却不能同意他这种观点。在“自爱”一词中自爱因素的矛盾性表达得更清楚。它表达了这样一种事实：爱是对包括自己在内的一切对象都相同的一种态度。一定不要忘记“自爱”一词历史悠久。《圣经》中要求“像爱自己一样爱你的邻人”时便谈到了自爱，梅斯特·艾克哈特也在同一意义上谈到了自爱。

爱他人是道德的而爱自己是不道德的，却是一个普遍的信条。这种信念假定：我有多爱我自己，我就有多不爱别人，自爱等于自私。这种观点在西方思想界源远流长。加尔文把自爱当成一种“瘟疫”①。弗洛伊德用精神病学术语谈到自爱，不过，他的价值判断与加尔文的价值判断是相同的。对弗洛伊德来说，自爱与自恋是一样的。自爱是把力比多转到自己身上。自恋是人格发展的最初阶段，在以后的生活中重新回到这一自恋阶段的人，是爱的无能者。在极端情况下，这种人会精神失常。弗洛伊德认为爱是力比多的表现形式，而力比多或是面向他人——爱，或是面向自己——自爱。因而爱越多，自爱就越少。从这个意义上说，爱与自爱是相斥的。如果说自爱是邪恶，那么便有无私是美德的结论。

于是引发了这样一些问题：心理学的观察是否支持在对自身的爱和对他人的爱之间存在着基本矛盾的论点？自爱与自私是一回事，还是对立物？进一步说，现代人真的是关心自己吗？是把自己当作具有智慧、情感和情欲潜能的个体关心吗？难道“他”还未蜕变成自己社会-经济角色的附庸吗？**他的自私与自爱是一致的吗？或者说，难道自私不正是由于缺乏自爱引起的吗**？

在讨论自私与自爱的心理学方面的问题之前，我们应认

---

① 约翰·加尔文：《基督教研究会》第七章第七段，622页，费城，1928。

识到“对他人之爱与对己之爱是相互排斥的”这一表述中的逻辑错误。如果说我对邻人的爱是一种美德，那么，爱自己也一定是一种美德，而不是罪恶，因为我也是人的存在。没有任何不包括我自己的关于人的概念。任何一种宣扬这一排斥性的教条，论证本身都是自相矛盾的。《圣经》里表述的“爱邻如己”，暗含着对自身完整性和独特性的尊重。对自身的爱和理解与对另一个人的尊重、爱和理解是分不开的。对自身的爱与对另一个人的爱有不可分割的联系。

这里我们已引出我们讨论的结论所需的心理学基本前提。概括来说，这些前提如下：不仅是其他人，我们自己也是我们感觉的“对象”，对他人的态度和对自己的态度非但不互相矛盾，而是**连在一起**。对上述讨论的问题来说，这就意味着：对他人的爱与对自身的爱并非只能两者择其一。恰恰相反，在所有具有爱他人能力的人中，我们都能发现一种爱他们自己的态度。**就“对象”与我们自身而言，爱在原则上是不可分割的**。真正的爱意味着产生爱的能力，它蕴含着爱护、尊重、责任和了解。它并不是被某人所感动意义上的“情感”，而是一种为被爱者的成长和幸福所作的积极奋斗，它来源于爱的能力。

爱某个人是把爱的能力付诸实践，也是集中反映。爱是肯定所爱之人是根本人性的化身。爱一个人也意味着爱人类。威廉·詹姆斯所谓“爱的分工”，即有些人只爱自己的家庭，对“陌生人”没有感情，其实，这种现象是根本没有爱的能力的标志。对人类的爱，并不像人们常认为的那样，是对具体的人的爱的抽象化，而是其前提，尽管人类之爱总是通过爱在一个个具体的人中获得。

由此推论，我自身必定与他人一样是我爱的对象。**人们对自己的生命、幸福、成长、自由的肯定来源于人们爱的能力**，即来源于爱护、尊重、责任和了解。倘若一个人能够卓有成效地爱，他也会爱自己；倘若他仅能爱其他人，他便根本不会爱。

假定对自己的爱与对他人的爱在原则上是相联系的，我们如何解释那种明显不容对他人有任何关心的自私呢？自私者只对自己感兴趣，一切为己，对给予不感兴趣，只热衷于索取。他仅立足于他能从中得到什么的立场去看待外部世界；他对其他人的需要、尊严和人身尊重漠然视之。在他的眼里只有自己，别无他物；他从是否对自身有利的角度来评判每个人和每件事，他根本不能去爱。这难道不证明了对他人的关心与对自己的关心只能两择其一吗？如果自私和自爱是一回事，那就会如此。然而，这种假设正是导致有关此问题的诸多错误论断的原因。**自私与自爱远不是一回事，实为水火不相容的对立物**。自私者不是过于自爱，而是缺少自爱；他实际上恨自己。这种缺乏对自己的喜爱和关心，仅是他缺乏创造性能力的一种表现，留给他的是空虚和萎靡。他必然是不幸并焦虑不安地关注着从生活中攫取某种满足。这种满足限制了他自身的获取。从现象上看，他似乎过于关心自己，而实际上不过是枉费心机地试图掩盖关心真实自我的失败。弗洛伊德坚持认为，自私者是自恋的。他们仿佛从他人身上攫取了爱，而又把爱输送给自身。其实不然。**正确的是：自私者不能爱他人，因而也不能爱他们自己**。

把自私与渴望关心他人（例如过分惦念的母亲）相比较，我们就会更容易发现这一点。尽管母亲有意识地相信自己特别喜欢自己的孩子，但实际上她对其所爱的对象有一种深藏的敌意。她过分地关心孩子，不是因为她太爱这个孩子，而是因为不得不借此来弥补她全然缺乏的爱的能力。

精神分析学中有关“无私”的症状分析，证明了“无私”本质上是自私的理论。一种精神症状在很多人身上观察到——经常不是被这种症状困扰而是为与之有关的其他症状，如压抑、厌烦、没有工作能力、在爱的关系中失败等所苦恼。“无私”不仅不被看成是一种“病状”，还常是这些人引以为荣的特征，并且具有救赎作用。这种“无私”的人“不为自己谋求任何东西”，他“只为他人而活着”，他为没有看重自己而自豪。他迷惑不解地发现：尽管他“无私”，他却没有幸福可言，他与最亲密的人的关系也格格不入。心理分析表明他的“无私”并不是与他的其他症状分离的某种东西，而是症状之一，事实上常是最重要的症状，表明他没有爱或欣赏任何东西的能力；表明他对生活充满敌意；在“无私”的外壳下，隐藏着难以捉摸而且特别强烈的以自我为中心的实质。只有把他的“无私”也视为与其他症状并列的一种症状，才能被治愈，才能纠正根植于他的“无私”和其他烦恼之上的缺乏创造力的情况。

“无私”的本质在对他人的影响上表现得特别明显，在我们当代的文化中最常见的是“无私”的母亲对孩子的影响。她相信，由于她的“无私”，她的孩子会体会到被爱意味着什么，随之也体会到爱意味着什么。然而她的“无私”的作用根本没有与她的希冀一致。孩子们并没有表现出相信他们已被人爱的那种幸福。他们焦虑、紧张，害怕母亲的责难，急于实现母亲的愿望。他们常被母亲隐蔽的对生活的敌意所影响，尽管他们只是感觉到它，而没有清楚地认识它，但最终他们自己也充满了这种敌意。总的说来，“无私的”母亲与自私的母亲对孩子的影响没有多大不同。实际上，“无私的”影响常常更坏，因为母亲的这种“无私”蒙骗了孩子，使孩子无法批评她。他们承担着不让母亲失望的义务，他们接受的是母亲在美德的掩护下厌烦生活的影响。如果你有机会研究一个真正自爱的母亲的影响，你就会发现，没有任何东西比被一个自爱的母亲的爱更有助于让孩子体会到什么是爱、快乐和幸福。

关于这个问题，没有谁比梅斯特·艾克哈特更好地概括了自爱的思想："如果你爱自己，你也就会像爱自己那样爱每一个人，只要你爱自己多过爱他人，你便不会真正地爱自己。如果你同样地爱所有的人——包括自己，你便会把他们当成一个人来爱，这个人既是上帝，也是人。因此，这个人就是伟大正直的人，他像爱自己那样平等地爱其他所有人。"①

5 对上帝之爱

上面说到，爱产生的基础在于人有分离的体验、希望通过结合来克服分离焦虑的需要。其实爱的宗教形式，即那种称为对上帝的爱，与心理学上讲的爱也没有什么不同。这种爱同样产生于克服分离达到结合的需要。事实上，对上帝的爱与人类之爱同样具有丰富的含义，从这一点上说，两者是相似的。

所有宗教中，不管是多神教还是一神教，上帝都代表着最高价值以及最高的善。因此，上帝的特定含义，取决于人们自己关于最高的善的看法。对上帝观念的理解，必须从分析崇拜上帝的人的性格结构开始。

人类的发展，据我们所知，其特性可以表述为人类之脱离自然、脱离母亲、脱离地域的血缘关系。在人类历史的开

① 布莱克尼：《梅斯特·艾克哈特》，204 页，纽约哈珀兄弟公司，1941。

初，人尽管超出了与自然的一体，却仍然依附于这种原始的关系。他们通过返回或抓住这种原始的关系找到安全感。他们感到与动植物是一体的，并试图通过保持与自然界的协调找到统一。许多原始宗教为此发展阶段的历史提供了证据：对动物的图腾崇拜；在极为庄严的宗教活动或战争中，人们戴着动物面具；人们把动物奉为上帝。在后来的发展阶段，当人的技艺已发展到工匠和艺术技巧的高度时，当人类不再完全依赖于自然的恩赐——采集的自然果实和捕杀的动物——时，人类就把自己制作的产品变成了神。这就是对用泥土、金、银制成的偶像的崇拜阶段。人们把自己的能力和技巧表现在他们制成的东西上，也就是说他以异化的形式崇拜他自己的力量和能力。在更后的一个阶段，人类赋予神以人的形式。这似乎只有当他产生了自我意识、发现自己是世界上最高级最尊贵的"东西"之时才能出现。在对拟人化的神的崇拜阶段，我们发现它是从两个方面发展的：一方面关于神的阴性和阳性；另一方面关于人已达到成熟，可以决定神的性质和对神的爱的性质。

我们首先谈谈以母系为中心的宗教到以父系为中心的宗教的发展过程。根据巴彻芬和摩尔根在十九世纪中期伟大而具有决定性的发现——尽管大多数学术人士表示反对——但有一点是没有疑问的，即在父权制宗教之前，有过母权制宗教阶段，至少在许多文化中是如此。在母权制阶段，最高的权威是母亲。她是女神，也是家庭和社会的权威。为弄清母权制宗教的本质，我们只需记得前述的母爱的实质。母爱是无条件的，是具有全面保护性的、完全封闭的；由于它是无条件的，因而也就不能被控制或通过努力而获得。母爱的存在给被爱者一种极大的幸福感，而缺乏母爱则产生一种失落感和绝望感。母亲爱她的孩子是因为他们是她的儿女，而非因为他们“好”、听话或实现了她的愿望和要求，所以母爱建立在平等基础上。所有的人都是平等的，因为他们都是母亲的孩子，即都是大地母亲的孩子。

人类进化的下一阶段，这是我们详知而无须依赖推理和模拟的父系社会阶段。在这一阶段，母亲丧失权威的地位，而父亲则在宗教和社会领域成为至高无上的权威。因此，父爱的本质是提出要求、建立原则和法律；他对儿子的爱取决于后者对这些要求的服从。他最喜爱那个最像他的儿子、最顺从也最适于成为他的继承人的儿子，即他的财产继承人（父系社会的发展伴随着私有财产的发展）。等级制度是父系社会的一个结果，兄弟的平等让位于竞争和相互斗争。不管我们研究的是印度文化、埃及文化，还是希腊文化，不管我们信奉的是犹太-基督教，还是伊斯兰教，我们都处在一个父系世界，它有着男性诸神，其上有一个主神，或者诸神全部泯灭，只有一个例外，那就是上帝。但是，对母爱的需要无法完全抹除，慈爱的母亲形象不能被完全赶出万神殿也就不奇怪了。在犹太教中，上帝的母性方面尤其被重新引入各种神秘主义的流派。在天主教中，母亲的象征是教会和圣母马利亚。甚至在新教中，母亲的象征也未完全根除，尽管她居于隐蔽的地位。路德把人们所做的一切都无法博得上帝的爱作为他的主要原则。上帝之爱是恩典，宗教的态度是对这种恩典坚信不疑，并相信自己渺小无助，没有任何善行能感化上帝——或使上帝爱人们，正如天主教教义假定的那样。我们从这里能够认识到天主教有关善行的教义是父系社会的反映；我们可以通过顺从和满足父亲的要求来博得他的爱。另一方面，路德的教义尽管有明显的父系社会的特征，却隐含着母权制成分。母爱不能被获得，只能给予；它要么在这里，要么不在这里，我们能做的只是抱有信念（正如《诗篇》所言："你已让我对母亲的乳房抱有信念。"①）并且变自己为无助的无能的孩子。然而，在路德的教义中，母亲的形象已被消除，代之以父亲的形象；强烈的怀疑，以及反而期望无条件的父爱，取代了确定的母爱，这是路德信念的特点。

为了说明对上帝之爱的特点取决于宗教中母性成分和父性成分的不同分量，我们必须讨论宗教中母性因素和父性因素的区别。父性因素使我像爱父亲那样爱上帝，我们认为他

---

① 《诗篇》22：9。

是公平而严厉的、奖罚分明的，最终将选择我为其宠儿，犹如上帝选择了亚伯拉罕，犹如以撒选择了雅各，犹如上帝拣选他喜爱的民族。宗教中的母性因素，要求我爱上帝犹如爱包容一切的母亲。我对她的爱抱有信念，不管我是否贫困无助、不管我是否有罪，她都会爱我，她都不会只喜爱其他孩子而不喜爱我；不管我出了什么事，她都会解救我，饶恕我，原谅我。毋须赘言，我对上帝的爱与上帝对我的爱是分不开的。如果说上帝是父亲，那他爱我就如同爱儿子，而我爱他就如同爱父亲。如果说上帝是母亲，她对我的爱和我对她的爱便同样像母子关系一样。

然而，上帝之爱中这种母性因素和父性因素的区别仅是决定这种爱的性质的一个因素；另一因素是个人达到的成熟程度，即在他关于上帝的概念以及在他对上帝的爱之中达到的成熟程度。

因为人类的进化经历了从以母亲为中心到以父亲为中心的社会结构和宗教结构的变化，所以我们能够主要在父性宗教发展过程中，追溯人类成熟的爱的发展过程。① 在此过程开初，我们发现的是一个专横跋扈的、有嫉妒心的上帝，他把他创造的人类当成他的财产，有权对人类为所欲为。这就

---

① 这种方法尤其适用于西方一神教。在印度宗教中，母亲形象尚有很大影响，例如女神迦利；在佛教和道教中，神和女神的概念即使没有取消，也已没有实际意义。

是上帝把人赶出伊甸园，以免他吃了智慧果也变成上帝的宗教阶段；这是上帝决定以洪水毁灭人类的阶段，因为除了宠儿诺亚之外没有一个人受上帝喜爱；这是上帝要求亚伯拉罕杀死他唯一的爱子以撒的阶段，上帝要亚伯拉罕以此绝对的顺从行为证明对他的爱。但同时一个新的阶段开始了。上帝与诺亚订了一个契约——一个约束自己的契约，他答应决不再毁灭人类。上帝不仅通过他的允诺，而且还通过他自己的原则——公正的原则——来约束自己。正是在这一原则基础上，上帝必须遵从亚伯拉罕的要求：如果索多玛只存在十个正义的人也要赦免这个罪恶之地。但是这个发展过程不仅仅只把上帝从一个专横的部落首领形象转变成一个慈爱的父亲，转变成一个受立下的原则来约束自己的父亲，它还向把上帝从父亲的形象转变成自己的原则——正义、真理、博爱——的象征方面前进了一步。上帝就是真理，上帝就是正义。在此发展过程中，上帝不再是一个人、一个男子、一个父亲；他成了各种现象的纷繁复杂性后面的统一原则的象征，成了人类内在精神种子开出的花朵。上帝不可能有名字。名字总是用来为一种事物或一个人或某种有限之物定义的。既然上帝不是人也不是物，他怎么能有名字呢？

这种变化鲜明体现在《圣经》中关于上帝对摩西的启示里。当摩西告诉上帝说，希伯来人不会相信上帝派遣摩西为使者，除非他能说出上帝的名字时（既然偶像的本质正在于他有名字，那么偶像崇拜者怎能领会一个无名的上帝呢？)，上帝作了让步。他告诉摩西，他的名字是“我正在变为我将成为的东西”，“我将成为是我的名字”。[①]“我将成为”意味着上帝是没有界限的，他**不**是一个人或一种“存在”。这句话最恰当的翻译或许是：告诉他们“我的名字是无名”。禁止对上帝作任何想象，禁止徒劳地呼唤上帝的名字，最终完全禁止提起上帝的名字，目的都是一个：使人类摆脱把上帝看作父亲、把上帝看作人的观念。在嗣后的神学发展中，这种观念被进一步概括成这一原则：人们甚至不能赋予上帝任何确定的属性。说上帝英明、强大、仁慈，都暗示了他是人；人们能做的最多是说上帝**不**是什么，陈述否定属性，即**不是**被限界，不是不善，不是不公正。我越透彻地认识上帝不是什么，我对上帝的认识就越深刻。[②]

更进一步说，按照趋于成熟的一神论观点，只能得出一个结论：绝对不要提上帝的名字，不要谈到上帝。因此，上帝变成了潜在于一神论中的无名的东西，无法清楚表述，意指宇宙万象背后的统一体，一切存在的基础；上帝变成了真理、爱和正义。上帝是我，就我是人而言。

很明显，这种从拟人神到纯粹的一神论的演变，使对上

---

① 此语出自《旧约·出埃及记》第三章。也有人把这两句译为：“我是我所是”，“我就是我的名字”。还有人译为：“我是我永有的。”——译者

② 参阅《困惑的向导》一书中梅莫恩迪斯论述上帝消极本质的观念。

帝之爱的本质理解各异。亚伯拉罕的上帝犹如父亲一样可爱、可亲、可畏，有时他的仁慈成为主要方面，有时他的恼怒成为主要方面。因为上帝是父亲，我是儿子。我没有放弃对无所不能、无所不知的自闭式的愿望。我还没有获得客观态度，认识到作为一个人的局限性，认识到我的无知、无助。我仍像个孩子，宣称必须有个营救我、照顾我、惩罚我的父亲，有个当我被驯服时喜欢我、因我的赞美而得意、因我的桀骜不驯而气愤的父亲。很显然，大多数人在其个人发展中并未超出这一早期阶段，因而在多数人看来，对上帝的信念乃是对助人为乐的父亲的信念——这是天真的幻想。尽管有伟大的学者和少数普通人已克服了这种宗教观念，但这种观念仍然是宗教的主要形式。

因此，弗洛伊德对上帝观念的批评是完全正确的。弗洛伊德的错误在于他忽视了一神论宗教的另一方面，亦即它的合理内核，那恰好导致否定关于上帝的观念的逻辑推理。真正信教的人，如果他遵循一神论的精神，便不会为任何东西而祈祷，不会期待从上帝那里得到任何东西；他就不会像孩子爱父母一样爱上帝；他有谦卑感，与认识到他对上帝一无所知相呼应，意识到了自己的不足。在他看来，上帝成了象征，象征着人类进化的早期阶段就已在为之奋斗的尽善尽美，象征着精神世界——永恒的爱、真理和正义的领域。人们相信“上帝”代表原则；人们探索真理，具有博爱、正义感；人们认为整个生命之所以有价值是因为给了他们更充分发挥其才能的机会。人们把这视为唯一事关重大的现实，视为“终极关心”的唯一对象；最后人们终于不谈上帝——甚至不提上帝的名字。倘若人们仍要使用“爱上帝”这个词，那么爱上帝就意味着渴望获得充分的爱的能力，渴望实现“上帝”所代表的东西。

从这一观点出发，一神论的逻辑结论是否定一切“有神论”，否定一切“有关上帝的知识”。但这种激进的非神学观点与无神论之间有区别，正如我们在早期佛教和道教中发现的一样。

在一切有神论体系中，甚至是非神学的神秘主义思想中，都假定精神世界的存在，认为它超越了人类，赋予人的精神力量和为拯救及灵魂的诞生而作的努力以意义和合理性。在无神论体系中，没有任何存在于人之外或超越人的精神世界。爱、理智、正义的存在，只是因为人通过整个进化过程发展这些能力；也只有人在发展这些能力时，它们才存在。从这种观点看，生命除了人自己赋予它的意义之外没有任何意义；人是完全孤单的，除非互相帮助。

上面谈及对上帝的爱，我想澄清，我自己并不想按有神论观点思考。在我看来，上帝这一概念只是历史概念，在这一概念中，人们表达了在特定时期对更高的能力的体验、对真理和统一的渴望。但我相信严格的一神论的逻辑结论与无神论对精神的阐释是两种虽然不同但无须互相攻击的观点。

然而在这一点上体现了对上帝之爱问题的另一方面，为了解这一问题的复杂性，我们必须探讨这一方面。我们所提及的东方（中国和印度）与西方在宗教态度上的根本区别，表现在逻辑概念中。自亚里士多德以来，西方世界一直遵循亚里士多德哲学的逻辑原理。这种逻辑学建立在“A是A”的同一律、“A不是非A”的矛盾律、“A不可能同时是A和非A，A也不可能既不是A又不是非A”的排中律之上。亚里士多德用下面的话清楚地解释了他的立场：“同一物不可能同时既属于又不属于同一物，面对辩证的反对观点或许需要我们做更多区分。这是一切原则中最确定的原则……”①

亚里士多德逻辑学的原理对我们的思维习惯有很深的影响，以至于被认为是“自然的”、不证自明的，如果说X是A又不是A就无意义（当然，这种说法谈的是特定时候的主词X，而非此一时的X和彼一时的X，也不是X的一方面与另一方面的对立）。

与亚里士多德的逻辑学相对立的是人们（或许）可称作**矛盾逻辑**的东西，这种逻辑假定A和非A作为X的谓语并不相互排斥。矛盾逻辑在中国哲学和印度哲学中、在赫拉克利特的哲学中居于优势，而后又以辩证法的名义发展成了

① 亚里士多德：《形而上学》第三卷，引自理查特·霍普译：《亚里士多德的〈形而上学〉》，纽约哥伦比亚大学出版社，1952。

黑格尔哲学和马克思哲学。矛盾逻辑的一般原理已由老子清楚地表述过："正言诺反。"① 这一思想庄子也表述过："是亦一也无穷，非亦一无穷也。"② 这些矛盾逻辑的公式是肯定的：**亦此亦彼**。另一公式是否定的：**非此非彼**。我们在中国道家、赫拉克利特和黑格尔的辩证法中发现前者这种思维表达，后者在印度哲学中很常见。

尽管详细地论述亚里士多德的逻辑和矛盾逻辑之间的区别会超出本书范围，为了更明白易懂，我们还是要举几个例子。在西方思维中，赫拉克利特对矛盾逻辑有最早表述。他认为对立面的冲突是一切存在的基础。他说："人们并不懂得所有统一物都是既矛盾又统一的，正如琴弦与琴弓冲突的和谐。"或者更清楚地表述为："我们踏入这条河流中，又非这条河流中；我们存在又不存在"③，或"一个人彰显自身既是作为活的，也是作为死的；既清醒着，也沉睡着；既是年轻的，也是年老的"④。

在老子哲学中，以更富有诗意的形式表达了同一观点。道家矛盾思想典型的例子如下述："重为轻根，静为躁君"⑤，或"道常无为而无不为"⑥，或"吾言甚易知，甚易

① 《老子》七十八章。
② 《庄子·齐物论》。
③④ 《赫拉克利特著作残篇》英文版，D12、D88。
⑤⑥ 《老子》二十六章、三十七章。

行。天下莫能知，莫能行”[①]。在道家思想中，犹如印度思想和苏格拉底的思想，思维能够实现的最高层次是“知不知”，即知道我们不能认识什么东西。“知不知，上；不知知，病。”[②] 这种哲学的唯一结论是至高无上的上帝不可能有名字。最终的实体、最终的同一不能以语言或以思想来理解。正如老子所说：“道可道，非常道。名可名，非常名。”[③] 或者用一个不同的公式：“视为不见名曰夷。听之不闻名曰希。搏之不得名曰微。此三者不可致诘。故混而为一。”[④] 同一观点还有另一公式：“知者不言，言者不知。”[⑤]

婆罗门哲学探讨了现象的多样性与统一性之间的关系。然而矛盾哲学不管在中国还是在印度都不会与二元论观点相混淆。和谐（统一）产生于包含着冲突的地方。“婆罗门思想自始就以同时存在对立的双方的矛盾为中心——然而也以现象世界的力和形式的同一为中心……”[⑥] 宇宙及人类的最终力量超越了观念领域，也超越了感觉领域，因而“非此非彼”。但正如齐默所说：“在严格的非二元论的认识论里‘真与非真’并非对立。”[⑦] 在对多样性背后的统一性的探索中，

---

① 《老子》七十章。
② 《老子》七十一章。
③ 《老子》一章。
④ 《老子》十四章。
⑤ 《老子》五十六章。
⑥⑦ H.R. 齐默：《印度哲学》，众神丛书，纽约，1951。

婆罗门哲学得出如下结论：已领悟的对立双方反映的不是事物的本质，而是有领悟能力的心灵的本质。思维如欲达到真正的真实就必须超脱自身。对立是人类精神范畴，它本质上不是实体的一个要素。《犁俱吠陀》以这样的形式表达了这一思想："我是二，生命的力量和生命的物质，我同时是二者合而为一。"思维在矛盾中才能感知，在《吠檀多经》中发展到极致：思维——无论多么缜密——是"更巧妙的无知状态，是最富于欺骗性的幻觉诡计"①。

矛盾逻辑与上帝的观念密切相关。既然上帝代表最终真实，而人类头脑感知的是矛盾中的真实，就根本不可能对上帝作出肯定陈述。在《吠檀多经》中，无所不知无所不能的神的观念被认为是无知的最终形式②。在此，我看到了与道家的无名、摩西启示中上帝的无名之名和梅斯特·艾克哈特的"绝对虚无"的联系。人类只知最终真实的否定面，从不知其肯定。"尽管人总是清楚地意识到上帝并不是什么，却不可能知道上帝是什么……只有把上帝看成最高的善，才会觉得满足。"③对梅斯特·艾克哈特来说："神是虚无之虚无、否定之否定。……每一生物都包含一种否定：它拒绝承认它是它物。"上帝成了"绝对的虚无"，正如对于犹太秘教来说最高实体是**无穷的一**。

---

①② H.R. 齐默：《印度哲学》，424 页，众神丛书，纽约，1951。

③ 布莱克尼：《梅斯特 · 艾克哈特》，114 页，纽约哈珀兄弟公司，1941。

为了阐明对上帝之爱这一概念中的一个重大的差别，我们已讨论了亚里士多德逻辑与矛盾逻辑的区别。矛盾逻辑的导师们说，人们只能在矛盾体中理解真实，而决不可能在**思维**中理解最终真实的统一，即**一**本身。这就导致了如下结论：人们不会把试图在**思维**中找到答案当作最终目的。思维只能把我们引向知识，而且是不能予以我们最终答案的知识。思维的世界矛盾重重。能够把握世界的唯一途径最终不在于思维而在于行动——即实践，在于对同一[①]的体验。因而矛盾逻辑导致如下结论：对上帝的爱既不是思维上认识上帝，也不是爱上帝的念头，而是与上帝同一的体验行为。

因此，这就引导我们强调正确的生活方式。生活中每个微不足道以及事关重大的行为都奉献于对上帝的认识。但这不是在正确思想中认识，而是在正确行为中认识。在东方宗教中，这一点清晰可辨。在婆罗门教、佛教及道教中，宗教的最终目的不是正确的信念，而是正确的行为。我们发现，在犹太教中同样强调这一点。在犹太教中，几乎不曾有过在信念上的教派分立（一次大的分立例外，即法利赛人与撒都该人[②]之间的分歧，其实质是两个对立社会阶级的分裂引起

---

① 这里的“同一”指的是整个客观世界。

② 法利赛人是古代犹太教的一个派别，墨守传统礼仪。《圣经》中称他们是言行不一的伪善者。撒都该人也是古代犹太教的一个派别，该派否定死人的复活、灵魂的存在、来世、天使的存在。——译者

的）。犹太教强调的是（特别是从我们这个时代开始以来）正确的生活方式，强调“哈拉卡”（这个词实际上和“道”的含义是相同的）。

近现代史上，在斯宾诺莎、马克思以及弗洛伊德的思想中都表达了相同的原则。斯宾诺莎哲学强调从正确信念到正确生活行为的转变。马克思表达了同样的原则，他说：“哲学家们只是用不同的方式**解释**世界，而问题在于**改变**世界。”①弗洛伊德的矛盾逻辑将他引向心理分析疗法，进一步加深自我体验。

从矛盾逻辑的立场出发，强调的不是思想而是行为。这种态度产生了另外几种结果。首先，它导致了我们在印度及中国宗教的发展中发现的**宽容**。如果正确的思想不是最终真理，也不是拯救灵魂的方法，那么就没有理由攻击他人——那些通过思考得出不同结论的人。盲人摸象的故事形象地表现了这种宽容：一个人摸到了象的鼻子，说象似根水管；另一个人摸到象的耳朵，说象似把扇子；第三个人摸到象的腿，说象似根柱子。

其次，矛盾的立场导致强调**改造人**，而不是一方面发展教义，一方面发展科学。从印度、中国及神秘主义出发，人的宗教任务不是正确思考，而是正确行动，以及（或者）在

---

① 《马克思恩格斯选集》第一卷，19页。——译者

专心致志的冥想中与一融为一体。

就西方主流思想而言，情况正相反。因为人们盼望在正确思想中发现最终真理，主要强调的就是思考，尽管正确的行为也被认为很重要。在宗教的发展过程中，这就导致了教条的形成，导致了关于教条无休止的争论，以及对非教徒和异教徒的不能容忍，并进一步导致了强调“对上帝的信仰”是宗教的主要目标。当然，这并不是说，人没有应当正确地生活的观念。不过，相信上帝的人——即使他不按上帝的原则**生活**——也会感到自己优于那曾按上帝的原则生活，但不“相信”上帝的人。

强调思考也导致另一个结果，并且有重要的历史意义。认为人们在思维中能发现真理的观点不仅导致了教条，也导致了科学。在科学的思维中，正确的思维对知识真实性和科学思想运用的实践性两个方面都是至关重要的技术问题。

简言之，矛盾思想导致宽容和努力自我改造。亚里士多德的立场导致了教条和科学，导致了天主教教会和原子能的发现。

对上帝之爱的问题的这两个立足点之间的区别，我们已在前面含蓄地解释过，这里只需简单概括一下。

在占支配地位的西方宗教体系中，对上帝之爱，实质上与相信上帝及其存在、相信上帝的公正、相信上帝的爱是一回事。对上帝的爱，本质上是一种思想经验。在东方宗教以及神秘主义中，对神的爱是对同一的一种强烈的感情体验，与生活的每一行为（这种爱的表现）不可分割地联系在一起。梅斯特·艾克哈特给了这一目标以明确表述："假如我们因此而变成上帝，并使我与其合而为一，那么，活着的上帝使我们之间没有任何区别……某些人设想他们将去见上帝，宛如他们就站在上帝对面，但事实并非如此。上帝与我们是一体的。由于了解了上帝，我喜爱我自己；由于爱上帝，我深知上帝。"

现在我们可以把父母之爱与上帝之爱作一个重要的类比。孩子一开始依附于母亲，把她当成"一切存在的基础"。他感到懦弱无助，需要包容一切的母爱。以后他又转向父亲，把父亲当成新的感情中心，父亲是其思想和行为的指导原则；在此阶段，他需要获得父亲的表扬，避免使父亲感到不悦；在完全成熟阶段，他摆脱了作为保护和支配力量的父母形象，他在自己心里树立了母性和父性原则。他成了自己的母亲、自己的父亲，他就是父母。在人类历史上，我们看见——也能够预期——同样的发展过程：从起初无助地依附母亲般的神，到顺从地依附父亲般的神，再到成熟阶段，此时上帝不再是一种外在的力量，人们已把正义与爱的原则合并到自己的心里，人与上帝合而为一；最后，发展到人类仅仅是在富于想象的象征意义上谈到上帝。

基于以上认识，可以知道对上帝的爱不能与对父母的爱分割开来。如果一个人未摆脱对母亲、家族、民族的依附，如果他还保持对一个赏罚严明的父亲或任何其他权威的早期依赖，他就不能产生一种更成熟的对上帝的爱，那么，他的宗教信仰就是宗教早期阶段的信仰，感到上帝是一个保护一切的母亲或赏罚严明的父亲。

在当代宗教之中，我看到了从最早期、最初始的到最高阶段的发展。“上帝”一词表示部落首领，也表示“绝对虚无”。同样正如弗洛伊德所说，在每个人的无意识中都保留了从懦弱不能自助的婴儿开始的所有的阶段。问题是他已经成长到什么程度。有一件事是肯定的：对上帝之爱的性质相应于对人之爱的性质，而且对上帝及人的爱的真正特性常是无意识的，这种特性被一种更成熟的**思想**，即他的爱是什么所掩盖而合理化。而且尽管对人的爱直接根植于他与家庭的关系，但从最终的分析来看，它却决定于他所处的社会结构。如果社会结构是屈从于权威——公开的权威或市场和公众舆论的无名的权威——的社会结构，他的上帝的概念就必然是幼稚的、远不成熟的思想，这种不成熟的观念在一神教的历史上可以找到起因。

第三章

当代西方社会的爱及其瓦解

如果说爱是一种成熟的、具有创造性特点的能力，那么，无论生活在哪种特定文化中的个人的爱的能力，都取决于此种文化对一般人的性格所产生的影响。如果我们谈及当代西方文化影响下的爱，我们就是要探询西方文明的社会结构以及从中产生的精神是否有益于爱的发展。提出这个问题已暗含否定的回答。任何客观地观察我们西方生活的人都不怀疑：爱——兄弟的爱、母爱、性爱——是一种相对罕见的现象，而且，它的地位被各种伪装的爱取代。这些伪装的爱，实际上是爱的瓦解的诸多形式。

资本主义一方面建立在政治自由的原则基础上，另一方面又建立在制约一切经济关系，因而也是一切社会关系的调节者的市场原则基础上。商品市场决定商品交换条件，劳动力市场调节劳动力的买卖。在市场条件下，有用的物和有用的人的能力和技术都被转化为商品，无需诉诸暴力和诈骗。比如鞋，尽管有用，也为人所需，但如果市场上没有对它的需求，它就没有任何经济价值（交换价值）；如果在市场条件下，没有对人的能力和技术的需求，那么，它们就没有交换价值。资本所有者能够购买劳动力并指挥它为其有利可图的资本投资工作。劳动力所有者必须在现存市场条件下把它卖给资本家，除非他想挨饿。这种经济结构反映在一种价值的等级制度上。资本控制劳动，积累的财富尽管是死的东西，却具有比劳动力、比人的能力、比那些活的东西更高的价值。

自资本主义开始以来，这一直是资本主义的基本结构。尽管这种结构仍具有现代资本主义的特点，却发生了一系列变化，这些变化赋予现代资本主义社会一些特殊性质，并对现代人的个性结构产生深远的影响。我们目睹了作为资本主义发展的结果，资本的集中与积累正在以前所未有的速度发展。大企业规模在不断扩大，小企业被排挤出局。投在这些企业的资本的所有权越来越与经营这些企业的职能相分离。成千上万的股票持有者“拥有”这个企业，却由一个官僚管理机构经营它，他们工资高，却不是企业的所有者。这个官僚机构更感兴趣的不是最大的利润，而是企业的扩大和他们自己的权力。与资本日益加速集中和一个强大的官僚管理机构的出现并行的是劳工运动的发展。通过劳动者的工会，单个工人不必由自己并且为自己在劳动力市场上进行交易。他被组织进一个庞大的劳动力联合组织里，也由强大的官僚机构领导，代表他面对企业。不论怎样，在资本领域和劳动力领域，主动权已由单个人转到了官僚机构。越来越多的人丧失了独立性，转而依赖于大经济集团的管理者。

产生于这种资本集中和现代资本主义的另一个有决定意义的特征，在于特殊的劳动组合方式。庞大的集中化企业有着极端细微的分工，个人失去了个性，蜕变为机器的齿轮。现代资本主义的人的问题可以以这种方式概括：现代资本主义需要大规模协调合作的人，需要消费胃口越来越大的人，需要趣味标准化、容易受影响、需求容易预测的人。现代资本主义社会需要人感到自由和独立，而不依附于任何权威、原则或良心——然而又是愿意被支配，愿意做期望他们做的事，愿意毫无摩擦地适应这个社会；需要不用强力而能支配，没有领袖也能领导，毫无目的也能鼓动——只想获得成就、忙碌、起作用或继续生活的人。

结果是什么呢？现代西方社会的人疏远自己，疏远他的同胞，疏远自然。① 他已转化成商品，感受到生命成了投资，在现行市场条件下必须获得最大利润的投资。人的关系基本上是异化了的机器人的关系，每个人都把他的安全建立在附和群体的基础上，而在思想、感情或行为上没有什么区别。尽管每个人都尽可能靠近其他人，但仍然感到十分孤

① 参阅《健全的社会》（纽约莱因哈特出版社，1955）中对此问题和现代社会对人的性格影响的更详细的讨论。

独，充满深重的不安全感、焦虑感和内疚感，这些感觉源于不可克服的分离。我们的文明提供了许多帮助人们意识不到这种孤独的姑息剂：首推严格的官僚主义化的机械的工作程序，它可以使人们意识不到人的最基本的欲望，意识不到对超越和统一和谐的渴望。因为单凭这种程序不能成功地做到这一点，于是人们通过娱乐程序、通过由娱乐业提供的声音和表演等被动的消费、通过不断购买新东西后不久又用它们交换其他东西的满足，来克服无意识的绝望。现代人实际上接近于赫胥黎在他的《美丽新世界》中所描绘的景象：丰衣足食，得到了性的满足，但没有自我，除了与其同胞的最表面的联系外，没有任何东西。他们遵循的口号被赫胥黎简洁地概括为“个人有了感知，社会就会骚乱”，“今天能得到的快乐，决不留给明天”，或者更加登峰造极的陈述：“现今每个人都是幸福的。”今天人的幸福在于“有快乐”。有快乐在于消费的满足，在于“接受”——商品、风景、食物、饮料、烟卷、人、演讲、书籍、电影——一切能够被消费和被吞噬的东西。世界是一个供我们消费的庞大的对象，是一个大苹果、大瓶子、大乳房；我们是乳儿，是永远期待着的人，是抱着希望的人——却又是永远失望的人。我们的特点是适于交换和接受，适于物质交易和消费；每样东西——精神的以及物质的东西——都变成了变换的对象、消费的对象。

至于爱的状况则是与现代人的这种社会特性相符的，是必然结果。机器人不能够爱，它们只能够交换它们的“人格包裹”，并希望公平交易。最能描述爱和已被异化的婚姻的是“组合”的观念。在大量关于美满婚姻的文章中，描述的理想情形几乎都是合作顺利的组合。这种描述与雇佣工人应协同合作的观点没有什么大的不同。他应该“适度独立”、平易近人、恢宏大度，同时胸怀大志、积极进取。因此，婚姻顾问告诉我们，丈夫应该“理解”妻子，并应该帮助她。他应该赞赏她的新衣裳和她做的可口的饭菜。反之，当丈夫疲惫不堪、闷闷不乐地回家时，妻子也应该理解他。当他谈及事业上的烦恼时，她应认真倾听；当他忘了她的生日时，她不应生气，而要谅解他。所有这类关系的总和就构成了没有摩擦的关系，一起生活却始终是陌生人的二人，他们之间从没有达到“中心关系”，但他们以礼相待，谁都试图使对方感觉更加良好。

这种爱情婚姻观主要强调的是找到一个庇护人，以摆脱无法忍受的孤独感。在“爱情”中的人终于找到了躲避孤独的港湾。他们结成二人联盟以反抗这个孤独的世界，而这种双倍的个人主义被误以为是爱情和亲密。

强调“组合”精神、相互忍耐等等，相对来说是新的发展。这之前，在第一次世界大战后的几年里，有一种爱情观认为，双方的性的满足就是满意的爱情关系，尤其是美满婚姻的基础。这种爱情观认为，经常发生的婚姻不幸的原因在于结婚的双方没有做好“性调节”；失误的原因被认为是忽视了“正确的”性行为，是一方或双方性交技能的不成熟。为“医治”这一毛病和帮助不能相爱的不幸夫妇，许多书籍予以指导，劝告人们性行为要正确，而且或含蓄或明确地许诺，只要遵嘱，幸福和爱情将会到来。言外之意就是，爱乃是性快感的产物，倘若双方明晓如何相互满足性欲，他们就会相爱。这种观点与那个时代普遍的幻觉——设想利用正确的技术不仅可以解决工业生产问题，而且也可以解决人类的所有问题——相适应。人们忽视了这样一个事实：这一基本设想的反面才是真实的。

爱并不是充分的性满足的结果，而性快感——甚至对所谓性技能的了解——则是爱情的产物。撇开日常观察不论，如果这种观点还需要证据，则可以在丰富的精神分析数据中找到。对最常见的性问题——女方缺乏性欲以及男方或重或轻的心理性阳痿的各种形式——的研究表明：原因不在于缺乏对性交技巧的了解，而在于使爱成为不可能的种种抑制障碍。对异性的畏惧或憎恨，阻碍一个人完全给予自己，阻碍他自然的行动，阻碍他相信那急切而直接的要求身体接触的异性伴侣。假如一个在性问题上受压抑的人能够摆脱畏惧或憎恨，成为一个有爱的能力的人，他或她的性的问题也就解决了。否则，了解再多的性技巧也无济于事。

但是，当精神分析疗法的数据反驳了那种认为了解和掌握了正确的性技能便可产生幸福和爱情的错误观点时，爱是双方的性满足的伴随物这一基本的假设受到了弗洛伊德理论的很大影响。在弗洛伊德看来，爱基本上是这样一种性欲现象："性爱为他提供了最大的满足，所以对他来说性爱实际上成为一切幸福的原型，一定会驱使他循着性关系之径追寻更进一步的幸福，从而使性生活成为他生活的中心点。"① 对弗洛伊德来说，兄弟的爱也是性欲的产物，只因性本能被转化为一种带有"抑止了的目的"的冲动。"一种隐含着目的的爱，实际上起初是充满性欲的爱，且至今在人们的下意识中仍然如此。"② 至于结合的感受、融洽的感受（无限的感受）——那是神秘的体验的实质，是一个人与他的伴侣结合的最强烈感受的根源——曾被弗洛伊德解释为一种病理学的现象，一种早期"无限自恋"的复旧。

弗洛伊德所谓爱的本质是非理性的，只是更进一步的结论。在他看来，非理性的爱与成熟人格表现的爱之间没有区别。他在关于移情的爱的文章③ 中指出：移情的爱与"正常的"爱的现象在本质上没有区别。堕入情网常常近乎于反常，而又常常无视客观现实；具有强迫性的冲动，是一种幼年爱的移情。弗洛伊德认为，理性的爱，作为一种成熟的辉

①② 弗洛伊德：《文明及其不足》，69 页，伦敦霍格恩有限出版公司，1953。
③ 弗洛伊德：《全集》，第十卷，伦敦，1940—1952。

煌动人的爱并不是我们研究的主要内容，因为它并不真实存在。

然而，过高地估计弗洛伊德关于爱是性吸引的理论，或更确切地说，爱仅反映在有意识的感知中、与性满足是一回事的观点的影响，将是错误的。因果关系基本上以另一种方式发生。弗洛伊德的思想部分地受十九世纪精神的影响；其思想与第一次世界大战后那几年的主流精神相合，从而流行。影响弗洛伊德观念的，首先是对维多利亚女王时代严苛的道德观的反思。决定弗洛伊德理论的第二因素在于关于人的主导观念，这种观念建立在资本主义结构上。为了证明资本主义与人类的自然需要相统一，人们就必须证明人的本性是有竞争性的、相互充满故意的。经济学家根据人们对经济利益有贪得无厌的追求、达尔文主义者依据适者生存的生物学规律“证明”了这一点；而弗洛伊德则假定，男子被征服所有的女性的性欲望所驱使，只有社会压力才能阻止男子按其欲望行事，他由此得出了和经济学家与达尔文主义者同样的结论。结果，男子必然是相互嫉妒的，即使引起这种相互妒忌和竞争的一切社会经济原因消逝了，它仍可能继续存在。①

---

① S. 弗瑞科斯是唯一一直没有离开老师弗洛伊德的学生，然而晚年他改变了弗洛伊德关于爱的观点。对该主题卓越的论述见《爱的潜能》(伊泽特 · 德 · 弗雷施特著，纽约哈珀兄弟公司，1954)。

最后，弗洛伊德思想受流行于十九世纪的唯物论的很大影响。人们相信在生理学现象中可以找到一切精神现象的基质，所以弗洛伊德把爱、恨、雄心、妒忌解释为性本能的各种表现形式。他没有发现基本的现实在于人类生存的整体性，首先在于人类面临共同的问题；其次在于由特殊社会结构决定的生活实践（马克思在其“历史唯物主义”中迈出了超越这种唯物论的决定性的一步。在他那里，理解人类的钥匙不是躯体，也非某种像对食物或财产的需求那样的本能，而是人类整个生活过程，是人类的“生活实践”）。根据弗洛伊德的观点，所有本能欲望假如毫无压抑地得到充分的满足将会带来精神的健康、幸福。但临床的明显事实表明：把生命献给无节制的性满足的男人和女人并不会得到幸福，而常常忍受严重的精神的冲击或症状的痛苦。一切本能的需求的完全满足不仅不是幸福的基础，甚至保证不了理智的健全。然而，弗洛伊德的观念或许只能在第一次世界大战后那段时期如此盛行，因为资本主义的精神发生了变化，从强调储蓄转而强调消费，从鼓励节俭作为经济上的成功转而视消费为不断开拓市场的基础，视消费为忧虑重重的机械化了的个人的主要满足手段，毫无顾忌的欲望的满足成了性领域以及所有物质消费领域的主要倾向。

把弗洛伊德那种和当时的资本主义精神相符的、在二十世纪初仍未被打破的观念与当代最有成就的精神分析学家之一 H.S. 沙利文[①]的理论观点相比较，是有趣的。我们在沙利文精神分析系统中发现性和爱的严格区分，恰与弗洛伊德的观念相反。

在沙利文观念中，爱与亲昵是什么意思呢？“亲昵是涉及两个人所具有的个人价值完全被认可的那种状态。个人价值的认可要求有一种我称之为合作的关系，我的意思很清楚，是指悉心调整自己的行为，以符合对方表明的需求，二人的追求日趋一致，即愈来愈接近互相满足，给予日益相似的安全感。”[②]如果我们剔去沙利文表述中的几分晦涩的语言，那么他所表达的就是：爱的本质是在一种合作情况下出现的，在此种情况下，两个人都感到：“我们必须按比赛的规则行事，以维护我们的威望和优越感。”[③]

正像弗洛伊德的爱情观是按十九世纪资本主义方式对高高在上的男性经验的描述一样，沙利文的描述涉及二十世纪异化了的、交易性的人格演变。它是对两个人之间的“个人

---

① H.S. 沙利文（Harry Stack Sullivan，1892—1949），美国著名精神分析学家。他把社会因素作为人格发展的标准。——译者

② 沙利文虽然是针对青春前期下的定义，但他也认为在这一阶段人格发展的努力会持续，“当它们发展完全，我们就称为爱。”他还形容青春前期的人格发展是“成熟的、心理学意义上的爱的开端”。H.S. 沙利文：《精神病学中的人际关系理论》，246 页，纽约，1973。

③ 沙利文对爱的另一定义：当一个人感到另一个人的需要像他自己的需要一样重要时，爱便开始了。——这比上述界说更少市场交易方面的色彩。

主义”的描述，是对两个分享共同利益、联合起来反对充满敌意的异化了的世界的人的描述。实际上，他的亲昵的定义对任何合作感在原则上都是正当的。在这种合作感下面，每个人“调整其行为使之适合于另一个追求共同目的的人所表现出的需要”（关于爱情，人们可能会说，至少暗含对两个人**未表现出来**的需要的反应，而沙利文这里却认为是**已表现出来**的需要。这是值得注意的）。

作为相互性的满足的爱，或作为“协作”和逃避孤寂的港湾的爱，是当代西方社会爱情瓦解的两种“正常”形式，是社会上模式化了的爱情的病态。还有许多个性化的爱情的病态，它们导致了意识上的痛苦，被精神分析学和越来越多的普通人认为是神经紊乱症。下面我简单地描述一下常见例子。

产生神经紊乱型的爱情的基本条件根植于如下事实：“情人”一方或双方仍依附于父母的形象，在成年生活中把曾有过的对父亲或母亲的感情、希望和畏惧转移到被爱的人身上；当事人从未摆脱儿时与父母关系的模式，并在成年生活的感情需求中寻找这种模式。在这样的情况下，这个人感情上仍处于两岁、五岁或十二岁的孩子阶段，尽管他在理智上和社会经验上已达到其实际年龄的水平。在严重的情况下，这种感情上的不成熟导致其社会活动的不平衡；在不太严重的情况下，只是导致亲人间的矛盾。

请参阅我们前面对以母亲为主或以父亲为主的人格的探讨。比如有不少男人在其感情发展中仍滞留在婴儿对母亲的依附阶段。这些人似乎未断奶，仍像孩子；他们想要母亲的保护、爱、温暖、关怀和赞美，他们想要母亲无条件的爱——一种因为他们需要时母亲便奉献出来的爱，因为他们是母亲的孩子，他们无助。这样的人如果试图招来女性的爱，甚至在他们获得芳心以后，他们也常常是温情、迷人的。但他们与这个女人的关系（实际上是与所有其他人的关系）是表面的、不负责任的。他们的目的是让人爱而不是爱他人。这种人常有强烈的虚荣心，或多或少隐藏了自以为是的念头。只要找到了合适的女性，他们便心安理得，无比幸福，而且能够展现自己的多情与魅力，这便是这些人常常靠不住的原因。但不久之后，当这个女人不能继续给他们带来虚幻的希冀时，矛盾和怨恨便开始产生。如果这个女人不常常赞美他，如果她要求自主她的生活，如果她自己想得到爱和保护，而且在极端情况下，如果她不愿意宽恕他与其他女人的风流韵事（甚至仅仅是表示不欣赏），这个男人便感到烦恼，大失所望，并常以她“不爱他、自私或专横”来把这种失落感合理化。仿佛是溺爱孩子一般，稍有不足就可当作缺乏爱的证明。这样的男人常把真正的爱与他们的多情行为以及被宠爱的愿望相混淆，因而，他们总是认为别人很不公正地对待他们，他们把自己想像成伟大的情人，埋怨恋爱的对方忘恩负义。

这样一种以母亲为中心的人也可能正常行事，不出现任何严重失衡，但这种情况是罕见的。假如母亲实际上曾以保护过头的方式“爱”他（或许专断，但没有破坏性），假如他找到了一个与他的母亲同属一种类型的妻子，假如他的特殊天赋和才能允许他施展其魅力并得到美誉（正像有些成功的政治家那样），那么，从社会意义上说他就是“调节得好的”，虽然不会达到更高的成熟水平。但在不利的情况下——而这自然是更常见的——即使不是他的社会生活，他的爱情生活也将会大失所望；这种人格继续发展的话，矛盾、重重焦虑和强烈的压抑感便会产生。

在更严重的变态情况下，男子对母亲的依恋会更深、更加非理性。在这种状态中，形象地说，他的意愿并不是希望回到母亲的保护伞之下，也不是回到她营养丰富的乳房边以吮吸乳汁，而是回到她接受一切也毁灭了一切的母体子宫。如果说神智健全的本质是挣脱母体走向世界，那么，严重的精神失常就是被母体所吸引，被吸引回母体——而这本质上是夺去了自己的生命。这通常发生在本就是以吞噬-毁灭式母爱来对待孩子的母子身上。她们有时以爱的名义，有时以义务的名义想把这个孩子、这个青年、这个男子据为己有；他自身无法独立呼吸，而要通过她们呼吸；他自身无法去爱，除了表面上的性爱——蔑视其他所有的女人；他无法独立自主，而是永远像个罪犯或像个残废人。

母亲的这一方面，即破坏性的、包罗一切的方面，是母亲作用的消极方面。母亲能够给予生命，但也能夺走生命。她是再造者，也是毁灭者；她可以创造爱的奇迹，然而却没有谁比她更能伤害爱情。在宗教偶像中（如印度教女神迦利）和在梦的象征中，可以看到母亲的两个对立的属性。

我们从主要依附于父亲的人身上，还会发现另一种神经紊乱症的变态。

最明显的例子是一个其母冷酷无情而其父把所有的感情和兴趣都集中于他身上（部分是由于妻子的冷酷无情）的男人，他有一个“好父亲”，但同时是个独裁者。任何时候只要他对儿子的举止感到满意，便会表扬他，送他礼物，充满深情；但是如果儿子让他扫兴，就会怒斥痛骂。就这种父亲的感情是儿子拥有的唯一感情来说，儿子以奴性的方式依附于父亲。他的生活的主要目的是讨好父亲——成功了便感到幸福、安全和满足；但他犯了错误或失败或不能讨好父亲时，便感到丧气、不为人爱、失宠。这样的人，在以后的生活中便会试图找到一个父亲的形象，他自己以依附父亲的类似的方式依附于这个人。他的生活一连串的沉浮摇曳，依赖于他是否成功地赢得了“父亲”的赞扬。这样的人在事业上常会非常成功。他们诚心诚意、忠实可靠、热心——如果他们选择的作为父亲形象的人懂得如何对付他们的话。但在其与女性的关系中，他们冷漠、淡然。女性对他们来说根本没有什么决定意义；他们常对女性有点不尊重，却常俨然像一个父亲对小女孩那样关心。起初他们可能由于其男子汉的气质而给一个女子以很深的印象。但随着时间的流逝，他们变得越来越让人失望。与他们结婚的女子发现，永存于丈夫生活中的父亲形象，任何时候都占据着丈夫的主要感情，她注定要充当配角，除非她自己也曾依附于父亲，因此与一个像对待任性的小孩一样对待她的丈夫在一起才会感到幸福。

由一种双亲关系造成的爱情的紊乱的情况就更加复杂。他们的父母并不相爱，但双方又约束自己，不会吵架或表露任何不满。可是，疏离也会使他们与孩子的关系不自然。在这种情况下，一个小女孩体验的是“适当”的环境，她从没有生活在与父亲或母亲紧密联系的环境中，她感到的一直是迷惑和恐惧。她从不了解父母的感情或思想；在这种环境下，总有一种未知的、神秘的因素。结果这个女孩躲进自己的天地，做白日梦，也那样冷漠，并在以后的爱情关系中持同一态度。

此外，这种退缩会导致强烈的焦虑感和并非脚踏实地的感觉，退缩作为体验兴奋的唯一途径常导致受虐的倾向。这样的女性常常宁愿丈夫当众大吵大闹，也不愿丈夫行为保持更正常、更理智，因为这样至少有可能使她们卸下紧张和畏惧的重负；为了结束这种折磨人的摇摆不定的忧虑，她们无意识地挑起丈夫的发怒行为的时候并不少见。

以下各段描述了其他常见的非理性的爱，但是不会深入分析为其奠定了基础的幼儿发展时期。

虚伪之爱的一种形式是**偶像崇拜的爱**，这种形式屡见不鲜，也常被人当作“伟大的爱”体验（更常见于动人的电影和小说中）。如果一个人尚未达到根植于自身能力的有效发挥的自我认同和自我意识的水平，他就有把所爱的人当作“偶像”崇拜的倾向。他抛开自身的能力，把它投射到被爱的人身上，把被爱的人当成至善至美者，当作一切爱、一切光明、一切极大幸福的化身。在这个过程中，他剥夺了对自己力量的全部意识。在爱人的身上丢失了自己，而不是找到了自己。因为从长远来说，没有人能经常实现她（他）对其偶像的期望，失望注定会产生，又要寻找新的偶像作为补救，有时会处于没有尽头的循环中。这种盲目崇拜之爱的特征是开始时强烈而突然的恋爱感受。这种盲目崇拜之爱常被描述为真正的、伟大的爱，但是所谓强烈、深刻的描述也只不过是表明崇拜者的欲望和失望。毋须说，也有两个人互相崇拜的情况，这种崇拜在极端情况下会显得像一对傻瓜。

虚伪之爱的另一种形式可以称为**伤感的爱**。其本质在于：只在想入非非中体验爱情，而不是在与一个具体的人的现实存在中体验爱情。这种爱的最普遍的形式是从荧屏图像、杂志上的爱情故事以及爱情歌曲中体验替代性的爱情满足。一切对爱、结合和亲近未能实现的期望，都能在这些产品中得到满足。无法越过分离的藩墙的已婚男人或女人，分享屏幕上的夫妇的幸福或不幸的爱情时，都会感动得潸然泪下。对于许多夫妇来说，观赏屏幕上的这种故事是体验到爱情的唯一场合——不是他们自己互爱，而是一起作为他人"爱"的旁观者。只要爱情对他们是白日做梦，他们便能够分享他人的爱；一旦回到他们两个具体的人之间的现实生活中，他们便冷漠了。

伤感的爱的另一方面是在时间上把爱抽象化。一对夫妇可能常因他们过去的爱而深受感动——尽管当时并未体验到爱情——或被他们未来的爱情的幻想所感动。有多少忙于结婚或刚刚结婚的夫妇梦想他们未来会发生爱情并给他们带来幸福？而正是在他们生活的此时此刻，却已经开始相互厌倦。这种倾向与现代人的一般态度是一致的。他生活在过去或将来，而不是现在。他伤感地记起他的童年、他的母亲，或者他在为未来编织着幸福的图案。不管是通过他人虚构的经历而替代性地分享爱，还是把爱从现在转移到过去或将来，这种抽象的、疏离的爱都是精神上的鸦片，不过是为了减轻现实生活的痛苦，缓解个人的孤寂和分离感罢了。

神经紊乱型的爱情的又一形式是为了逃避自身的问题，

而利用**投射机制**[①]关心“被爱”的一方的缺点和不足。不只是个人，群体、国家和宗教也是如此。他们甚至对另一个人的细小缺点也有很大的兴趣，却忽视自身的毛病——总是忙于试图指责和改造另一个人。假如两个人都这样做——常见的情况便是如此——爱情关系就会转化为一种相互投射的关系。倘若我独断专行，或优柔寡断，或贪得无厌，我便指责我的配偶也是如此；我想矫正她或惩罚她，这要取决于我的个性。对方则也这样做，于是双方都做到了无视自己，因此不能采取可能有助他们自身发展的任何措施。

投射的另一形式是把自己的问题投射到孩子身上。这种投射首先表现在对孩子非同寻常的希冀上。在这种情况下，对孩子的希冀主要指把自己的生存问题投射到孩子身上。一个人感到他已不能了解自己生活的意义时，他便试图通过孩子的生活来了解。但是不光是自己失败，对孩子的了解也注定要失败。前者是因为生存问题只能通过每个人自己解决，而不是他人可以替代的；后者是因为他缺少那些引导孩子自己探索问题的非常重要的品质。当婚姻出现问题时，孩子们也服务于投射的目的。此种场合下，父母仍持陈旧观点：为

---

① 投射机制是心理学术语，是文饰作用的一种机制。主要作用是一个人有了某些过错或失败，为了平息自己内心的愧疚，竭力在外界寻找理由，最常见的是在别人身上找出同样的过错或干脆把自己的过错推卸给别人，以求心理的平衡。——译者

了孩子的幸福，为了孩子有完整的家，他们不能离婚。不过任何详细的研究都表明："完整家庭"内部的紧张和不幸气氛较之公开破裂的家庭对孩子们更有害。后者至少告诉孩子们，人们能够通过果断的决定结束不堪忍受的境况。

这里必须提到另一种常见的错误，即以为爱必定意味着没有冲突。正如人们通常认为在任何情况下都应该避免痛苦和悲伤一样，他们也相信爱情意味着没有矛盾。他们用下面的事实为此观点找到恰当的理由：周围人的争斗未给有关各方带来任何好处，仅是一种破坏性的交换。但是，出现这种情况的原因是：多数人的"冲突"实际上是试图避免**真正的**冲突。这些冲突是在本来就不易澄清和解决的小事和表面事情上的争执。两个人之间的真正冲突——不是为了掩盖或投射，是内心真实的坦率表露——是没有破坏性的。它可导致澄清事实，可产生精神净化，二人会从中汲取更多知识和力量。这里我们有必要再次强调上面说过的一些要点。

只有发自两个人存在的核心的相互交流，两个人都从核心感受到自己的存在，爱才是可能的。人的真实性只存在于这种"核心的感受"中，这里是活生生的，这里才是爱的基础。因而感知到爱是一种永恒的挑战；它不是一块供歇息的地方，而是一起行动、一起发展、一起工作；甚至不管是和谐还是冲突，是快乐还是悲哀，都从属这样一个根本事实：双方从生存的本质感到了自身的存在，他们成为自己，而非逃离自己，并在这个基础上，与对方合一。爱的存在只有一条证据：双方关系的深度以及二人各具的活力和力量；这是爱的果实，能识辨爱。

正如机械式的人不能互爱一样，他们也不可能爱上帝。对**上帝之爱的破裂**与人类之爱的瓦解达到了同一程度。这一事实明显与我们看到的这个时代的宗教复兴的现象相矛盾。事实上并非复兴。我们所目睹的（甚至尽管有例外）是复归到对上帝的偶像崇拜的观念，是对上帝的爱转化为一种适应疏离化性格结构的关系。对上帝的偶像崇拜观念的复归是显而易见的。人们焦虑重重，没有原则或信念，他们发现自己除了过日子之外没有任何目的，因此他们仍停留在孩童阶段，希望父母在他们需要帮助时帮助他们。

的确，在宗教文化里，例如中世纪，一般人把上帝当成帮助自己的父亲或母亲来看待，但同时，他们认真地崇拜上帝，按上帝的原则生活是他们生命的首要目的，以致他们最关心的是得到“拯救”，其他一切活动都降到了次要位置。今天已没有这种努力。日常生活已严格地与任何宗教价值观分开。人们为物质生活的舒适，为人格市场上的成功而奋斗。一切世俗努力建筑在冷漠无情和利己主义（后者常被称为“个人主义”或“个人主动性”）的原则上。宗教文化中的人类似一个需要父亲的帮助而又开始在生活中采纳父亲的教导和原则的八岁小孩。当代人却像三岁的孩子，需要父亲时哭喊着向父亲求援，反之，能玩耍就很满意。

从这方面说，即对拟人化的上帝婴儿般依附，却没按照上帝的原则改变生活，我们更接近于偶像崇拜的原始部落而不是中世纪的宗教文化。另一方面，现代宗教也有新特点，是现代资本主义社会的独特产物。我们这里可以再次提及前文的观点。现代人把自己转化为商品；就其地位和在人格交换的市场上的条件而论，他把自己的生命力当成投资，他应该用它来创造最大的利润。他与自己、与同胞、与自然相异化。他的主要目的是用他的技能、知识、他自身、他的“全部人格”为一场平等的、有利可图的交易而进行逐利的交换。除了过日子外，生活没有目的；除了公平交易外，没有任何原则；除了消费外，没有任何满足。

在这种条件下，上帝的观念意味着什么呢？它从原来的宗教意义转化为适应追求成功的文化。近来宗教的复兴，对上帝的信仰转化成了让人们更好地适应竞争的心理学手段。

宗教把自身与自我暗示和心理疗法联结起来，以帮助从事经营活动的人们。二十世纪二十年代，人们还没为“完善自己的人格”而求助于上帝。一九三八年的畅销书，戴尔·卡内基的《如何获得朋友和影响他人》，还停留在严格意义上的世俗层面。该书在当时的作用相当于我们现在最畅销的书《积极思考的能力》，由可敬的N.V.皮尔牧师撰著。在这本宗教书里，甚至没有设问我们对成功最关心这一点是否与一神教相符。相反，这一最终目的从没有被怀疑过，而对上帝的信仰和祈祷被推崇为增强人们取得成就的力量的一种手段，正如现代的精神病医生为能更多地招引顾客而建议雇员保持愉悦状态，有些牧师为了取得更大的成功而劝告爱上帝一样。“让上帝成为你的伴侣”意味着使上帝成为经营中的伙伴，而不是在爱情、正义和真理中与之一致。正如兄弟之爱已被非人格的公平原则取代一样，上帝的爱已转化成遥远的宇宙公司总经理，尽管你知道他就在那里，他操纵舞台（虽然没有他或许也照常运转），你从未看见他，但当你“尽自己的职责”时，你就承认了他的领导。

第四章

爱的实践

我们已经讨论过爱的艺术理论方面，现在我们面临困难得多的问题——**爱的艺术实践**。对于爱的艺术实践，除了我们去身体力行外还有需要学习的东西吗?

问题的困难由这样的事实引起：今天的大多数人，也包括本书的许多读者，都希望得知“如何实践爱的艺术”的建议，而这对我们来说，就意味着教授如何去爱。以此种态度来阅读本书最后一章的人，恐怕将会大失所望。爱是一种每个人都只能通过自身并为自身获得的个人体验；实际上，几乎没有人（在儿童时期、少年时期或成年时期）没通过起码的途径获得过这种体验。对爱的实践的探讨，我们所能做的就是讨论爱的艺术的前提、通往爱的艺术的途径以及如何实现这些前提和找到这些途径。为达到这一目的，只有自己去实践，理论的讨论在实践前已经结束。然而，我相信，对途径的讨论可以有助于掌握这门艺术，至少对那些不曾期待“良方”的人来说是这样。

任何艺术的实践都有某些一般要求，不管是木工、医学，还是爱的艺术。首先，艺术的实践要求有**规范**。任何事情，倘若我们不通过规范化的方法去实践，就决不可能很好地掌握它；任何事情我们只是凭着“心血来潮”而为之，那么这仅仅可能是一种美好的或是有趣的业余消遣，但决不可能成为这门艺术的主人。这不仅是某一特殊艺术实践的原则问题（有的艺术实践规定每天练习的小时数），而且也是需要一生坚持的原则问题。也许你认为对于一个现代人来说，没有什么比规范更容易学。一个人难道不是每天花八个小时以规范无比的方式做无比程式化的工作？然而，事实却是现代人极少有超出工作范围之外的自我规范。不工作时便游手好闲，有气无力，或用更好听的字眼说，总想“轻松”。这种对闲散的愿望很大程度上是对生活规范化的反感。正因为人们被迫每天八小时工作，既非为了自己的目的，也非用自己的方式，而是由工作节奏为他规定的，于是他反抗了，采用了一种孩子气的任性方式起来反抗。此外，在这种反对独裁的斗争中，他们变得不相信一切规范，不信任非理性权威的规范，也不相信他们自行制定的规范。然而，没有了这种规范，生活就会变得支离破碎，杂乱无章，纷纭无绪。

专心是掌握一门艺术的必要条件之一，这是无须证明的。任何曾经试图学会一门艺术的人都清楚这一点。然而，在我们的文化中，专心致志比自我规范更罕见。相反，我们的文化导致了一种非集中的、涣散的生活模式，比其他地方都严重。人们可以一下子做许多事情：读书、听收音机、谈话、吸烟、吃、喝。人们是渴望地张着大口准备吞下一切——图画、液汁、知识——的消费者。我们不能专心，这从我们难以单独待着就能看出。静坐着，一言不发，也不吸烟，也不读书，也不喝酒，这对大多数人来说是不可能的。他们会神经紧张，烦躁不安，因此，必须动动手、动动口（吸烟是这种缺乏专心的象征之一，它占用了手、嘴、眼和鼻）。

第三个因素是**耐心**。任何曾试图精通一门艺术的人都知道，成就任何事都需要有耐心。追求立竿见影，是永远不可能学到一门艺术的。但是，对现代人来说，锻炼耐心与实现规范和专心一样困难。我们的整个工业系统恰好促成了其反面——急躁。所有机器都是为了快速（推进生产）而设计的：轿车、飞机把我们送到目的地——而且越快越好。能在一半的时间生产同样数量的产品的机器就比走得慢的机器好一倍。当然，这里有重要的经济原因，但正如诸多其他方面一样，人类的价值也变成由经济价值来决定的了。对机器有用的东西，对人也必定有用——逻辑推理便会得出这样的结论。现代人认为若不快速办事就会失去某些东西——时间，但人们并不知道用得到的时间干点什么，除了白白地消磨时间外。

最后，对那门艺术予以**最大关注**是精通该艺术的一个条件。如果这门艺术不是什么重要的东西，艺徒不去学习它，那么他至多只是个好心而浅薄的涉猎者，而决不可能成为艺术大师。在这一点上，学习爱的艺术和学习任何其他艺术都是一样的。艺术大师和浅薄的涉猎者之间后者居多数，对爱的艺术而言似乎更是这种情况。

关于掌握一门艺术的一般条件还有一点必须指出，人们并不是直接而是间接地学习一门艺术。在开始学习一种艺术之前，必须学习大量其他东西——而且看起来经常是学一些无关的东西。木工学徒须从学习如何刨平木料开始，钢琴学徒从练习音阶开始，学射箭术的学徒从做运气练习[①]开始。你要成为一位艺术大师，就要将整个生命奉献给它，或者至少与它息息相关。你自己的身体变成了这门艺术实践中的器械，因而它必须保持健康，必须依据独特的功能完成任务。对爱的艺术而言，这就意味着，任何一个渴望成为这门艺术主人的人，都必须从其生活的每一方面由实现规范、专心、耐心开始做起。

如何实现规范呢？我们的祖辈或许早已为回答这一问题作了许多准备。他们的告诫是：早起，不沉溺于不必要的奢侈生活中，努力工作。这种规范有明显的不足。它刻板而具

---

① 至于对掌握一门艺术所必需的专一、规范、耐心和关注的生动描写，我想给读者介绍赫里格尔著的《射箭艺术中的禅》一书，纽约众神出版社，1953。

有独裁性。以节俭和储存金钱的品质为本，则在许多方面有害生活。但是由此引发一种怀疑任何规范的明显倾向，人们以业余时间的懒惰散漫来对抗强加给我们的八小时工作制。有规律地起床，按规律的时间思考、阅读、听音乐、散步之类的活动；不沉溺于逃避现实的活动，如看神奇的故事和电影，至少不超过一定限度；不过量饮食，这些都是显而易见的基本准则。但是，不应该像外界强加于自身的准则那样勉强实行，而应使它成为自身意愿的一种表达。它应使人感到快乐，以至慢慢地使人们与之相适应，成为人们一停止就会惦记的行为，这是必不可少的。我们西方规范观念的不当之处（对每一种品质的观念都是如此）之一在于认为规范的实施必然有几分痛苦，而且只有给人以痛苦，才能算是“有效实施”。东方人早就认识到，一切对人的身心有益的，必定也是符合人性的，即使在开始时要克服一定的阻力。

在我们的文化中，实现专心致志困难得多，一切事情似乎都与专心相对抗。学会专心最重要的是学习独自一人待在那里，不读书、不听收音机、不抽烟、不喝酒。的确，专心意味着孤独——而这种能力恰是具有爱的能力的一个条件。假如我因为不能自立而依附于另一个人，他或她可算是一个救命恩人，但这种关系不是一种爱的关系。相反，独立的能力是爱的能力的条件。任何试图独立的人都会发现，独处是多么困难。开始他会感到坐卧不安，心烦意乱，甚至感到忧心忡忡。他会认为这种实践毫无价值，不过是愚蠢的行为、浪费时间等等，因而容易把他不想继续进行这种实践的意愿合理化。他会发现各式各样的想法都钻进了他的头脑，他会发现自己正在考虑当日的计划或考虑日后不得不做的工作中的困难，或是晚上去哪里，或者诸多其他充塞头脑的事情——而不会允许头脑一片空白。做些很简单的练习对排除这些杂念是有帮助的，如坐姿舒适（既不懒散也不僵硬），闭目，努力看眼前的那块白幕，尽力排除一切有干扰的画面和想法，然后顺从自己的呼吸节奏，不要去想它，也不要憋气，只是自然地跟着它的节奏，并在这样做的时候感到它的存在；进而发现“我”的存在：我 = 我自己，作为我能力的中心，作为我的天地的创造者。人们至少应该在每天早上和晚上各做二十分钟（如有可能可以更长时间）这样的集中注意力的练习。①

除了这样的练习以外，人们还必须学会在自己所做的每件事上专心致志，例如听音乐、读书、与人交谈、观光。在此时此刻，就一定要把这项活动视为唯一重要的事，而且此刻你的全部身心都应献给它。如果你能集中精力，至于做的

---

① 东方，尤其是印度文化在这一点上有相当可观的理论和实践，最近几年西方也跟着有了类似的追求。在我看来，最重要的是吉因德勒学派，这个学派的目的就是锻炼人们身体的感官。要了解吉因德勒学派，也可以参阅 C. 萨利文著作，以及她在纽约新学院的演讲和授课。

是什么事则是无关紧要的。重要的与非重要的事物都能呈现新的真实，因为你对它们全神贯注。学会专心要尽可能避免无意义的闲谈，即那种不坦率诚恳的交谈。如果两个人谈论他们共知的一棵树的生长情况，或谈他们刚刚一起吃过的面包的味道，或是谈他们工作中的共同的经验——只要他们谈论的是其经历过的事，而且没有用抽象化的方式来对待它，那么，这种谈话就是有意义的。但有另一种情况，一场谈话可能涉及政治或宗教问题，却无聊透顶。当两个人说的都是陈词滥调的时候，当他们心不在焉的时候，就会出现这种情况。在此，我应补充一句，正如避免琐碎的交谈一样，避免交友不当也是重要的。我这里所谓的交友不当不仅指那些凶恶的有破坏性的人——人们应该避免与这些人交朋友，因为他们有害于人，并使人感到压抑——而且我所指的还有那些怪人，那种行尸走肉，那种思维混乱、语言琐碎的人。他们不是与人交谈，而总是喋喋不休，他们贩卖陈词滥调而没有思想。然而不是经常都可以避免与这种人来往的，甚至也没有必要这样做。如果你没有用他们预期的方式——零乱琐碎的方式——而是直截了当地作出反应，那么常会发现你改变了他们的行为。这种意想不到的震动，产生了令人惊奇的效果，从而帮助了他们。

在与别人的关系中，专心致志首先意味着会听。多数人听别人说话或提建议时，都没有真正听对方说话。他们没有认真对待别人的谈话，也未认真考虑自己所作的回答。结果，这种交谈让人感到乏味。他们误以为如果他们全神贯注地听便会腻味疲惫，其实正好与之相反。任何事只要专心做了，就会令人更加振作（虽然过后疲倦也会袭来，但那是自然的，有益于身体的），而一切没有专心做的事却使人困倦，但同时又使人夜里难以入眠。

专心致志意味着此时此刻充实地生活，现在做某事时，不考虑下一步要做的事。无须说，相爱的人尤其应做到专心。他们必须学会彼此亲近，而不是采取通常采用的许多方式疏远。开始做时很困难，好像人们永远达不到目的似的。不必说，这就暗示你要有耐心。如果你不懂做一切事情都是需要时间的，想一蹴而就，那实际上你永远不可能成功地做到专心致志，也不可能在爱的艺术上取得成功。欲知道耐心是什么，只需看看小孩子学走路就行了。他摔倒了，爬起来，又摔倒，又爬起来，再摔倒，再爬起来。但他坚持不懈，不断提高，直到有一天他不再摔跤，行走自如。成年人如果以孩子的耐心和专注来做对他来说是很重要的追求的事情，那么，他还有什么做不到呢？！

对自身不敏感的人是学不会专心的。这是什么意思呢？是不是人们应该每时每刻都要考虑自己，“剖析”自我，或是其他类似举动？如果我们谈的是对一台机器很敏感，要解释其含义，就不存在什么困难。例如，任何开汽车的人都对他开的车很敏感，甚至很小的怪声、发动机内的微小的变化都能注意到。同时，司机对路面的改变和车前车后各种车辆的运行也很敏感。但他并未总**想着**这些所有的方面，他的大脑处于一种松弛的机警状态，却在专注的状态下——安全行车所需的专注状态——注意到了各种可能的变化。

如果我们考查一下一个人对另一个人敏感的状况，那么，我们便会在母亲对婴儿的敏感和反应中发现最明显的例证。无须婴儿表达，母亲就能体察到婴儿身体上的某些变化、要求或焦虑。婴儿的一点哭声会把她吵醒，而其他更大的响声也许仍使她酣睡如常，这一切表明她对孩子生活的种种表现很敏感；倒不是因为她焦急不安，而是因为她处于机警的平静状态，易于接收来自孩子的各种有意义的信息。同样，一个人能够对自己很敏感。例如，你感到疲乏或压抑，你不会不去管它，也不会任由沮丧的意识继续，而会自问："怎么啦？""我为什么感到压抑？"同样，当你发怒时，当你趋向白日做梦时，当你逃避现实活动时，你也会注意到它。若遇到上述情况之一，重要的是意识到它们的存在，而不是千方百计地为之开脱。此外，要注意倾听自己的心声，这种心声告诉我们——常常相当迅速——我们为何焦虑、压抑或恼怒。

一般人对自己身体的状况都有一种敏感性，他能体察各种变化，甚至微小的病痛，这种对肉体的敏感性相对来说容易感受到，因为多数人都有什么样是健康舒服的良好判断力。对心理功能达到同一敏感程度就要困难得多，因为许多人从不知何谓人的最佳精神状态。他们从父母、亲属和周围的社会群体里继承了心理机能，并当成典范，只要自己和周围人没有不同，便会感到一切正常，他们没有观察任何事物的兴趣。例如，许多人从没有见过深情的人，或完善的人，或勇士，或专心致志的人。很明显，为了自我意识敏感，人们必须知道完整、健康的人是什么样——倘若孩提时代或以后的生活中没有获得过这种体验，那么，该怎么能够获得这种体验呢？对这一问题没有简单的答案，却给我们教育界提出了一个非常重要的问题。

我们在传授知识的时候，却失去了那种对人类发展最为重要的知识教授，即成熟、博爱的人的精神。无论是西方还是中国和印度，最受尊敬的都曾是那种具有高尚精神品质的人。教师不仅仅传播知识，而且要传授一定的人生态度。在当代资本主义社会——对苏联也是一样——人们提倡尊重和效仿的人可以是任何人，而唯独不是品质高尚的人。在公众的眼里，基本上认为只有那些给一般人以替代性满足感的人——电影明星、广播节目主持人、报刊专栏作家、重要企业和政界人物——就是仿效的楷模。他们起到这一作用主要通过成功地制造了舆论。然而，并非其他人做不到这一点。如果人们认识到这一事实：一个像阿尔伯特·施韦泽这样的人能在美国成名；如果人们把许多可能性具体化，让青年熟悉现存的和历史的人物——这些人表明，人类是作为人而不是作为演员（在广义上）而存在；如果人们考虑到各个时代的文学艺术作品存在着创造美好的人类形象的可能，便可建立起察觉机能失常的敏感性。倘若我们不能成功地让成熟的生命的形象永葆活力，那实际上我们将面临我们整个文化传统崩溃的可能性。这种传统并非主要建立在一定类型的知识传播上，而是建立在一定类型的人的品质的传播上。如果后人再也看不到这些品质，那么，存在了长达五千年的文化就将消失，即使它的知识仍在传播并进一步发展。

至此，我们已讨论了**任何**艺术实践所需的东西。现在我们来讨论那些对爱的能力有特别重要性的品质。根据我前文关于爱的性质作的论述，爱的成功的主要条件乃是**克服自恋**。这种自恋表现为这样一种倾向性：人们感到真实的东西仅仅存在于自身的体验之中，外部世界的现象毫无真实性，而且总是从对人们有利或有害的观点上被感知。自恋的对立面是客观，那是一种按**其本来面目**认识人和事物并能够把**客观**现象与由于人的主观愿望和畏惧心理而形成的形象区分开来的本领。一切精神变态形式都表明不能客观地认识事物且已达到极端的程度。对精神错乱的人来说，唯一的真实存在就是他自身，就是他们畏惧和臆想的东西，他把外部世界看成是他内心世界的表现，看成他的创造物。我们做梦时也是如此。在梦中，我们制造事件，我们登台演戏——那是我们的愿望和畏惧的表达（但有时也是我们洞察力和判断力的表现），而且梦醒以后，我们确信梦里的事物与我们在清醒状态下看到的实在物一样真实。

精神错乱的人和做梦的人**完全**没有对外部世界的客观态度，但我们所有的人都或多或少有点精神错乱，或多或少在睡梦中；我们所有的人都有一种被自恋倾向所歪曲了的非客观的态度。需要我举个例子吗？只要观察一下自己、邻居，看看报，任何人都会很容易地发现这种情况。他们由于自恋而产生的对真实性的歪曲只是程度不同。例如一个妇女给大夫打电话，说她当天下午想去他办公室，大夫回答她说他当天下午没空，但他可于第二天见她。她的回答却是：不过，大夫，我就住在离您办公室五分钟路远的地方。她不能理解：这不能为**他**节省时间，尽管对她来说路程很短。她自恋地感到的情况是：因为她省了时间，他也省了时间；对她来说唯一的真实是她自己。

在人际关系中，常有的曲解是不过分的——不太极端或是不太明显的。有多少父母这样看待孩子的反应：孩子顺从，给他们以快慰，是他们的光荣，如此等等，却不去发现或甚至根本不感兴趣孩子自我感觉如何？有多少丈夫因为他们自己对母亲的依恋而觉得妻子蛮横，把妻子的任何要求都当成是束缚自由？又有多少妻子因为她们的丈夫没有满足她们也许童年就已建立的一个显耀的骑士的幻想形象，而认为自己的丈夫无能或愚蠢？

就一个国家对外国的关系来说，没有客观的态度也极常见。日复一日，另一国家被描述成十分堕落、残忍，而自己的国家却代表着一切善良和高尚的东西。对敌人的每一次行动用一种标准来判断，而对自己又用另一标准来判断，甚至对方的善行也被认为是特别邪恶的表现，意味着欺骗我们及整个世界；而我们的恶行都被认为是必要的，因为目的崇高。实际上，如果考虑两国关系和个人关系，人们便会得出结论：客观态度是少见的，较高或较低程度的自恋则是准则。

客观的思考本领是**理智**，理智后面的情感态度是**谦卑**。要客观，要使自己理智，就只有采取谦恭的态度才可能做到，只有在人们从孩子般的对大千世界无所不知、无所不能的幻梦中清醒过来以后才能做到。

就爱的艺术的实践的讨论而言，这意味着：爱依赖于相对排除自恋，它要求谦恭、客观和理智的发展。人们的一生必须奉献给此目的。谦恭和客观不可分割，正像爱一样，如果我对陌生人不能采取客观的态度，那我对我的家庭也不可能采取客观的态度，反之亦然。我们若想学会爱的艺术，就必须在一切条件下力求客观，并对我们没有客观对待的情况十分敏感。我们必须努力找到我们对一个人的印象和这个人行为间的差别，因为这种印象被我们的自恋所扭曲，因为那个人的本来面目并不因我们的兴趣、需求和担心而转移。获得客观和理智的能力是通向爱的艺术道路的成功的一半，但这要求对与你有联系的所有人持客观态度。若是某人欲求把他的客观态度留给被爱的那个人，并认为能够在与世界上其他人的关系中可以不必那么做，那么，他将很快就会发现他在这两种场合下都失败了。

爱的能力取决于人们从自恋中解脱出来的能力，取决于从母系和氏族的稳固的眷恋中解脱出来的能力，取决于我们在与世界和自身的关系中生长和发展一种创造性倾向的能力。这种解脱过程、产生过程和觉醒过程，要求有一种品质为必要条件：**信仰**。爱的艺术的实践需要信仰的实现。

什么是信仰？信仰必定是对上帝和宗教教义的信奉吗？信仰必定会与理智和理性的思考相悖或是相分离吗？要认识信仰的问题，也需区分**理性的**和**非理性**的信仰。所谓非理性的信仰对一个人或一种观念，我认为是建立在屈从于非理性的权威的基础上。相反，正确的信仰是根植于一个人思想和感情体验之中的信仰。理性的信仰并非主要是对某事的信奉，而是我们的信念具有的必胜和坚定的特质。信仰是人的全部人格中的性格特性，而不是一种特殊的信念。

理性的信仰根植于有创造性的理智和情感的活动。在理智思考中（一般认为这不是信仰的地盘），理性的信仰是重要的组成部分。科学家如何实现新的发现？难道他不断实验、不断收集材料、对有所发现不抱幻想？任何领域真正重要的发现极少是用这种方式获得的。同时，纯粹的幻想也不能得出重要的结论。人类所致力的任何领域的创造性思维过程，常常是从或许可以称之为“理性的幻想”开始的。这种幻想本身是以前相当多的研究、深思和观察的结果。当科学家成功地收集了足够的数据，或计算出一个数学公式，使他原来的幻想变得有可信度的时候，便可以说，他已经得出了一个试验性的假说。为了洞察隐含的规律，科学家对该假说进行详细的分析，以及积累支持这一假说的数据，以致推导出更为确切的假说，最终也许会得出广泛适用的结论。

科学史上不乏理性信仰和真理幻想的例子。哥白尼、开普勒、伽利略和牛顿都对理性有着不可动摇的信念。为此布鲁诺被烧死在火刑架上，斯宾诺莎被驱逐出教会。从形成理性的幻想到得出理论公式，都必须有信念：相信那是理性的追求，相信假说是合理的，相信最后的结论——在其真正成立前，都需要持有信念。这种信念来源于亲身经历，来源对自己思维能力、观察能力和判断能力的信任。理性的信仰来源于建立在自身富有成果的观察和思考的基础上的独立信念，而不管大多数人意见如何；非理性的信仰只因某个权威这样说过或大多数人这样说过就把某些东西当成真理来接受。

理性信念并不仅存在于思维和判断，也存在于人际关系中。信念是任何一种深厚友谊和爱情所必不可少的品质。对另一个人“有信心”意味着肯定他的基本态度、他的人格核心、他的爱的可靠性和不变性。这并不是说一个人不能改变他的观点，而是说基本动机应始终如一。比如说，他对生活和人类尊严的尊重是自身的一部分，是不会轻易改变的。

从同一意义来说，我们有自信。我们意识到自我的存在、人格的核心的存在。这一核心是不易改变的，尽管外界条件不断变化，尽管我们的观点和情感会有某些变化，它都会贯穿于我们生活的始终。这个核心便是“我”一词后面的真实内容，是我们对自己个性的自信得以建立的基础。如果我们不对自我的坚持充满信心，我们的自我认同感便会受到冲击，我们便会变得依赖于他人，以他人的赞许为我们建立自我认同的基础。只有相信自己的人才能待人以诚，因为这种人坚信，将来某个时候的他也会与今天一样，因此，他将会像他现在所期望的那样去感知、去行事。自信是我们能够承诺的一个条件，正如尼采所说，一个人的本质可以被定义为给人以承诺的能力，信念是人类生存的条件之一。与爱有重大关系的是对自爱的信心，对他人产生爱的能力及其可靠性的信心。

相信他人的另一层意思，是（关于）我们对他人潜力的信任。这种信任存在的最基本的形式是母亲对其新生婴儿的信任：他将会生存、成长、走路和说话。但是，孩子这方面的发展很规律，不需要持多大的信任。人需要对也许发展不出的潜能抱有信任，如爱的潜能、幸福的潜能、运用其理智的潜能和更为特殊的潜力，如艺术才能。它们像是一粒粒种子，只要给予它们以生长的适宜条件，便会破土而出，蓬勃发展，否则便会窒息。

最重要的条件，是在孩子的生活中给予其重要影响的人物，要相信孩子有这些潜力。这一信心把教育[①]和管制孩子区分开。教育就是帮助孩子实现其潜力。教育的对立面是管制，它建立在缺乏对孩子自身潜力发展的信念基础上，建立在认为只有成年人对孩子灌输合理的东西，抵制那些似乎不合理的东西，他才会是个好孩子的信念基础上。机器人没有生命，才没有相信它的必要。

对他人的信任在对**人类**的信任中达到高峰。在西方世界，是用犹太-基督教的宗教语言来表达这种信念的，也鲜明体现在过去一百五十年里人本政治思想和社会主张当中。与对孩子的信任一样，它建立在这样一种思想基础上——只要给予适当的条件，人类便能建立一个由平等、正义和博爱原则统治的社会秩序，人类是有这种潜力的。人们还没有成功地建立这样一种秩序，因此需要有信仰，相信人能做到这

---

① “教育”一词的英文词根是 e-ducere，实际上字义是引导、启发人自身潜在着的某些东西。

一点。但像所有理性的信仰一样，这也并非冥冥幻想，它建立在人类过去取得的成就的基础上，建立在每个人精神生活的经历上，建立在人对理性和爱的亲身体验上。

而非理性信仰根植于对被认为是强大无比、无所不能、无所不晓的权威的屈从，根植于无视自己的权力和能力。理性的信仰建立在与此相反的经验上。我们对一种思想有这样的信仰，是因为我们自己观察和深思的结果。我们相信自己、他人以及整个人类的潜力，也是我们自己观察和深思的结果，我们经历过自身潜力的发展过程，体察过自身成长的现实，感受到自身理性和爱的能力。**理性信仰的基础是创造性**，靠我们的信仰活着意味着创造性的生活。相对应之，对权力的信任（从支配的意义上讲）以及权力的使用都是信仰的反面。相信现存的权力与不相信尚未实现的潜力的发展是一样的。它只是凭现状预测未来，结果却是严重的失算，它对人类潜力和人类成长的忽视是十分荒谬的。根本不存在对强权的理性信仰，有的只是对权力的屈从或者——对有权的人来说——保住权力的愿望。尽管在许多人看来，权力似乎是一切事物中最实际的东西，但人类历史已证明它是一切人类成就中最靠不住的东西，犹如过眼云烟随风飘摇。由于信仰和权力都有排他性这一事实，一切最初建立在理性信仰之上的宗教和政治制度，只要它们依赖于权力并与之同流合污，都将变得腐败并最终失去其原有的强力。

要有信仰就需要**勇气**和冒险的能力，甚至准备迎接厄运和挫折。谁若坚持把安全和保险视为生活的基本条件，那他就不可能有信仰；谁若把自己封闭在自己的系统中——在这里疏远和占有是他的保险工具——便会把自己变为囚犯。被爱和爱都需要勇气，需要判明作为最终关系的一定价值的勇气，并需要采取果断措施，为这些价值牺牲一切的勇气。

这种勇气与臭名昭著的吹牛家墨索里尼喊出的“冒险地生存”口号时所指的勇气截然不同。他的勇气是虚无主义者的勇气，来源于对生活的破坏性的态度，来源于放弃生活的愿望，因为他没有能力去热爱生活。失望的勇气是与爱的勇气背道而驰的，正如对权势的信仰与对生活的信仰对立一样。

有办法培养信心和勇气吗？实际上，信心是随时都可以培养的。抚养小孩需要信心，入睡需要信心，开始做任何工作都需要信心。但是，我们对这种信心习以为常。谁若没有这种信心，谁便会为他的孩子过分焦虑，或患失眠症，或无力胜任任何创造性工作而积郁成疾，或疑心太重，或孤傲寡合，或鼠目寸光。坚持对一个人的判断，即使它似乎与公众意见或一些不可预知的事实相悖；坚持自己的信仰，即使它不为公众所接受，这些都需要信心和勇气。把生活中的困难、挫折和不幸视为只要克服它便会成为强者的一场挑战，而不是视为不应在我们身上发生的惩罚，这也都是要有信心和勇气的。

信心和勇气的培养要从日常生活中的小事开始。第一步是注意你何时何地失去信心，透过用以掩盖失去信心的借口，来认识你何处胆小怕事，又找到什么借口把它合理化。认识到缺乏信心会使人变得懦弱，而已有的懦弱又导致了新的灰心丧气，如此往复，恶性循环。那么你将认识到：**当你意识上担心没有被爱的时候，实际上你害怕的是爱（尽管这常是不自觉的）**。爱意味着在没有保证的条件下承诺自己，奉献自己，希望我们的爱能激起爱人心中的爱。爱是信心的行为，谁没有信心谁便没有爱。对信心的培养，人们能不能说出更多的东西呢？也许有人能。假如我是诗人或牧师，我便会作一番尝试。然而我不是诗人也不是牧师，我甚至不能试图再说些什么。但我相信，任何对此真正关心的人，都能学会建立信心，正像小孩都能学会走路一样。

对爱的艺术的实践来说，不可缺少的是至此还只是隐含提到的一种态度，那就是**活动性**。应该明确讨论它，因为它是爱的实践的基础。我前面已说过，活动并不是意味着“做某事”，而是一种内心活动，是人的能力富有成效的发挥。爱是一种活动，如果我在爱，我便常处于一种密切关心被爱的人的状态之中，而不仅仅是关心他或她。因为倘若我懒惰，倘若我不是常处在关注、机警、积极的状态，我便不能把自己与被爱的人积极地联系在一起。睡觉是唯一的不活动的状态；清醒则是懒惰没有容身之地的状态。当今很多人的情况却是：他们醒时半睡，睡时半醒。完全清醒是不感到腻烦或令人生厌的条件，而不感到腻烦或不让人厌烦又是爱的主要条件之一。思维敏捷，感觉灵敏，活用眼和耳，避免思想上的懒惰，无论是以吸收、储存或纯粹浪费时间的方式，也是爱的艺术的实践不可缺少的条件。认为人们可以分割生活——在爱的领域中，人们富有创造性，而在其他领域却一筹莫展，这不过是幻想。创造性本身不允许这样一种分割。爱的能力需要有一种感情强烈、头脑清醒、充满活力的状态，而这只能是其他领域富有生机和活力的结果。如果人们在其他方面没有活力，那么在爱的领域也就没有活力。

对爱的艺术的讨论不能局限个人获得并发展本章所述的那些特征和态度。它与社会领域是不可分割地连在一起的。如果爱意味着以慈爱的态度对待每一个人，如果爱是一种特殊品格，那么，它必定不仅存在于一个人与家庭和朋友的关系中，而且存在于通过工作、事务和职业取得联系的人们的关系中。在自爱与对陌生人的爱之间并没有什么“不同的分工”。相反，后者的存在正是前者存在的条件。认真采取这种态度意味着在人们习惯的社会关系上有一个巨大的转变。当人们的口头交际带上爱邻若爱已的宗教观念时，他们的关系却至多不过是由“公平”的原则决定。公平，意味着不以商品和交易中的欺诈和诡计来换取感情。“我给予你的像你给我的一样多”，这是资本主义社会在物质商品上，也是在爱情上普遍的伦理原则。甚至可以说，公平伦理观的发展是资本主义社会对伦理学的特殊贡献。

造成这一事实的原因就在于资本主义社会的性质。在资本主义社会以前，物品的交换或直接由权势决定，或由传统决定，或由爱和友谊的人际关系决定。在资本主义社会，决定一切的因素是市场上的交易。在市场上，不顾权势，也无视诈骗，不管人们与商品市场和劳动力市场打交道，还是与服务市场打交道，每个人都要交换，为了他欲得的东西而不得不如此。

公平的伦理观把自身同金箴[①]相混淆。“以其人之道，还治其人之身”，这一中国的格言可以用英文翻译成“在你与他人的交换中公平对等”。但实际上，公平的伦理观最初更为流行的解释，即《圣经》中的“像爱自己一样爱你的邻人”，已被公式化。当然，犹太-基督教中鼓吹的手足之情的准则全然不同于公平的伦理观。它所谓爱你的邻人，意味着对邻人有责任感，同他结为一体，而公平的伦理观意味着没有意识到责任和一体，它体现的是疏远和分离；这意味着尊重你邻人的权利，而不是去爱他。金箴变成了当今最为流行的宗教格言，绝非偶然的事，因为它被译成公平的伦理学的

① 金箴，见《新约·马太福音》第七章第十二节。——译者

语言，而成为尽人皆知并愿意遵循的统一的宗教准则。但是爱的实践必须始于认清公平与爱的区别。

然而，这里又提出一个重要的问题。如果我们整个社会和经济结构建立在每个人追求自身利益的基础上，如果这一结构由仅仅掺和了公平的伦理原则的利己主义所统治，那么，人们该如何做？如何在现存的社会结构中行事并同时实现爱？难道后者不意味着放弃一切个人的现实利益而共度最清贫的生活吗？这个问题已由基督教僧侣和托尔斯泰、阿尔伯特·施韦泽、西蒙娜·薇依以激进的方式提出并作了回答。还有人持这样一种观点，认为在我们的社会里爱与正常世俗的生活基本上是不相容的。① 他们得出结论说，今天谈到爱不过是意味着普遍的欺诈；他们宣称，在当今的世界里只有殉道者或精神病患者才能有爱，因而一切对爱的讨论都不过是说教。这种十分体面的观点很容易使玩世不恭的态度合理化。实际上，一般人都不甚明显地持这种观点，他们认为，“我愿做一个出色的基督教徒——但若我严格遵守基督教规就不得不挨饿。”这一“激进主义”导致了精神上的虚无主义。“激进思想家”和普通人都是毫无爱心的机械式的人，他们之间的唯一区别在于后者没有意识到而前者已认识并弄清了这一事实的“历史必然性”。

---

① 参阅赫伯特·马库斯《异议》(纽约，1955）中“精神分析修正主义的社会含义”。

我赞成这一信念：爱与“正常”生活绝对不相容这一答案只在抽象的意义上是正确的。支撑资本主义社会的准则与爱的准则是不相容的。但具体地看，现代社会是复杂的。例如，无用商品的出卖者，不说谎话就不能取得经济效益；而一个熟练工人、化学家或医生却能够做到此点。因此，农民、工人、教师等专长人士都能不停地有效发挥作用，并实践爱。甚至人们承认爱的原则与资本主义原则格格不入的同时，也一定会承认资本主义本质上是个复杂的并不断变化的结构，仍允许形式多样的不一致和个人自由。

然而，在我说这一点时，我并没有暗含这个意思：我们能够期望现存的社会制度永远延续，而同时又希望兄弟之爱这一理想的实现。在现存的制度下，能够爱的人必定是极个别的；在当代的西方社会，爱是一种罕见的现象。这并不是因为许多职业不容博爱的态度，而是因为以生产为中心、贪婪的商品社会的精神就是如此，以至于只有个别人能够抵抗。于是，那些密切关心爱并把它作为人类生存问题的唯一正确答案的人们肯定会得出结论：如果要使爱变成一种社会现象，而非极个别的罕见现象，那么，我们的社会结构就需有重大而合理的变革。限于本书讨论范围，这种变革的方向只能提一提。① 我们的社会由官僚主义的管理者和职业政治

① 在《健全的社会》一书中，我曾试图详细讨论这一问题。

家所操纵；人们为集体暗示所支配，他们的目的就是多生产，多消费；人的一切活动都服从经济目标，手段成了目的。人便是机器——丰衣足食，而毫不关心人之为人的特殊性和机能。如果人们能够去爱，他一定被置于崇高的位置上。经济机构便要服务于它，而不是相反；他便能够分享体验，分担工作，而不是至多只分享利润。社会必须以这种方式来组织，在人的社会中，爱的本质不是与这个社会存在相分离，而是与之相统一。正如我曾试图表明的那样，爱是对人类生存问题的唯一合情合理的满意的答案。如果这种说法正确的话，那么，任何相对排斥爱的发展的社会，从长远观点看，都将由于与人类本性的基本要求相抵触而走向灭亡。其实，我们谈爱并不是“说教”，原因很简单，谈爱意味着谈到每个人身上最终的、实际的需要。这种需要已被掩盖了，但这并不表明它不存在。分析爱的属性将会发现当今普遍缺乏爱，必须批判造成这种缺乏的社会条件。相信有一种作为社会现象而不仅仅是个别现象的爱的可能性，这正是基于对人的本性的洞察之上的理性的信仰。